JN437156

향 수

鄕愁

윤형순 詩와 散文

을지출판공사

自序

"짱뚱어가 뛰니까 옆에 있던 게도 덩달아 뛰었다가 농짝이 깨졌다"는 속담같이 빈축이나 사지 않을까 걱정이 앞섭니다. 모든 생명체는 흔적을 남기기 마련, 하물며 만물의 영장인 인간이……

몇 년 전부터 나이(철) 탓인지 자꾸만 어린 시절 고향의 산들과 바다, 어깨동무 소꿉친구들 그리고 먼저 가신 그리운 님들의 생각에 지난날의 아련한 추억들이 문득문득 떠오르곤 합니다.

언젠가는 정리해 봐야지 여러 번 생각 중에 고향 선배님의 권유에 힘입어 『세계시문학』지에 시를 등재케 됨을 계기로 품고 있던 생각들을 설익은 표현으로 매를 맞는 심정으로 조심조심 옮겨 봅니다.

그리고 넉넉지 못한 인생살이에 본인의 장점을 접어가면서 한평생을 오로지 가족사랑과 자녀 교육에 묵묵히 헌신해 오신 아내 정경희 씨께도 이 자리를 빌어 늘 고맙고 감사하며 사랑한다는 말 전하고 싶습니다.

2019년 초여름에

牛田 윤형순

Contents

차례

Contents

Contents

Contents

Contents

제 1 부

시 詩

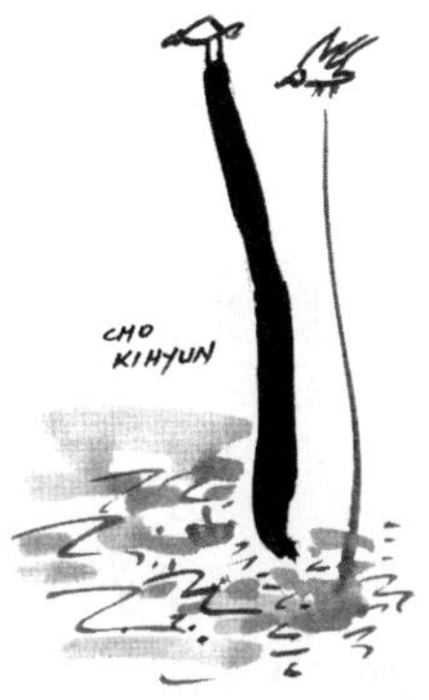

바람에
쓰러졌던 풀잎
더욱
잔인하게 빛을 유혹하는데
그것도 훔치고 싶다

까막섬

남쪽 하늘 바다 멀리 물새가 나는
내 고향 천 리 길 남도 답사 일번지
남도의 끝자락 한국의 나폴리 마량의 미항

은빛 물결 바다 위에 두둥실 반겨 미소 짓는
검푸른 태고의 아열대 원시림
성난 파도와 매서운 해풍에도 표표히 떠 있는
그 이름 까막섬 후박나무 군림

아침 햇살 저녁노을 눈부시게 반짝이면
검푸른 후박잎새 석양빛에 흑진주 되어
갈매기 노래하고

두 얼굴의 겉모양은
허기진 날엔 한솥 가득한 가마솥처럼
비 오는 측은한 날엔 검정 우산처럼

인간의 양면을 애써 달래 주는
마음의 고향처럼 어머님 젖가슴처럼
포근한 섬 까막섬.

* 까막섬 : 전남 강진군 마량면 바닷가에 수령 500년 이상의 후박나무 군락으로 조성된 아름다운 섬(천연기념물 제172호)

푸조나무(팽나무)

육백여 년 세월 안고
여계산 치마폭에 다소곳이 뿌리내린
낙엽 교목(喬木) 팽나무야

빼어난 용모에다 수세는 왕성하게
동서남북 사면팔방 사지육신 쭉쭉 뻗어
고려청자 주인처럼 가마터 지키면서

당전, 계치, 청룡, 란산
수동, 백사, 미산부락 수호신 되어
연년세세(年年歲歲) 풍패지동(豊沛之洞)
지켜 내리라.

* 푸조나무 : 전남 강진군 대구면 당전부락 청자박물관 앞에 위치한 수령 약 600년 이상의 잘 생긴 팽나무(천연기념물 제35호)
* 풍패지동(豊沛之洞) : 풍년이 들어 넉넉하고 인심 좋은 동네

고려청자

고뇌와 번민 속에 잉태한 님의 분신
영겁의 세월 속에 천년숨결 혼불 되어
창공의 뭉게구름 천년비색 학(鶴)을 품고

여계산(女鷄山) 품에 안겨 불태우고 재가 되어
고고한 님의 형상 코발트빛 원색으로
속세에 태어나서 삼라만상 굽어보네

선인들의 심오한 뜻
계승하지 못한 것은 만시지탄이었지만
이제라도 깨우쳐서 청자혼을 재현하니
만세에 길이길이 한류문화 융성하리.

* 한중세계시문학 시화전 출품(2016. 10. 15)
* 제45회 청자축제전야 무명도공추모제 추모시낭송(2017)
* 『세계시문학』에 수록(2016)

산사의 소식

천년 고찰(古刹) 돌다리 건너
바람이 동백숲을 할퀴고 간 자리
덩그런 달그림자 걸쳐 있네

싸리나무 문기둥이 파아란 이끼에 눌려
패인 눈물 자국
깊은 골 물소리 졸졸졸 낙엽에 싣고
산사의 염불소리 엽서에 띄워 보네

비자나무 둥지숲에 소쩍새 구슬픈 울음소리
천태산 골짜기에 산울림 되어
울다 지쳐 버리고

천년세월 무명도공 혼백 달래는
여명의 범종소리 정수사 법당의 목탁소리
탐진강 물결 위에 흘려보낸다.

* 제44회 청자축제전야 무명도공추모제 추모시낭송(2016)

새벽 물안개

칠흑 같은 어둠이
대계산(大鷄山) 자락 허리 누르면
방죽목(防箠牧) 소사나무 둥지숲에
소쩍새 구슬픈 울음소리 밤새워 토해 내고

새벽의 여명을 알리는 정수사 범종소리
여계산(女鷄山) 기슭 휘감아 돌면
시리고 시리도록 차가운 새벽 물안개
탐진강 뱃머리 백사포구에 피어오르고

똑딱선 고동소리 물새 떼 단잠 깨우면
오늘도 예향의 청자골
남도 답사 일번지
아침의 나래를 편다.

관산보 은어

내동 앞들 논배미는 물 좋고 땅이 찰져
논 중에는 상논이고
세저들 밭뙈기는 퇴적토 모래땅에
물 빠짐이 양호하여 채소 재배 으뜸이라
인심 좋고 교통 좋아 살기 좋은 동네라네.

육정지 노두 건너 호안둑에 올라서면
관산보 번덕지가 즐비하게 펼쳐 있고
중천에 노고지리 지지배배 노래하면
구강포 맑은 물은 사시사철 변함없이
유유히 흘러내려 물고기의 낙원일세

처서 백로 절기 지나 추석절이 다가오면
관산보 물안개도 냉기를 머금은 채
모락모락 피어오르고
동녘에 아침 햇살 수면 위에 눈부시면
팔뚝만 한 은어 떼들 앞다투어 하류한다

와~아 은어 떼다 누군가 소리치면
족대, 가래, 조랭이 총동원
한바탕 소동이 벌어진다

아~ 야속토다 구릿빛깔 몸뚱이에
수박향 내음 풍기는 탐스러운 그 은어 떼들
모두 다 어디로 갔을까?

* 故 금남 김경묵 선생 공적비 제막 축시(내동부락의 아름다운 옛 추억을 그리며)

그리운 님
–모란

올해도 오시겠지 그리운 님 오시겠지
영랑은 가셨지만
모란은 오시겠지

올해도 오월이면 그리운 님 오시겠지
영랑생가 앞마당에
모란은 오시겠지

자줏빛 저고리에 녹색치마 팔랑이며
영랑생가 사랑채에
다소곳이 뿌리내려

남도의 꽃소식을
님에게 전하려고
모란은 오시겠지

뒷담장 동백나무 대수풀 소슬바람
옛주인 그리워서
밤마다 지새우고

*함박웃음 담장 너머 동구 밖 굽어보면
오늘도 예향의 청자골 남도 답사 일번지
아침의 나래를 편다.

* 함박웃음 : 활짝 핀 모란꽃을 뜻함
*『세계시문학』에 수록(2018)

강진(康津)의 봄

수채화를 그리는 어설픈 화백들이여
남녘의 땅 강진의 봄 들판에서
색깔에 대하여 함부로 논하지 말지어다

논바닥에 흐드러지게 피어 있는
연분홍의 자운영꽃
논두렁 밭두렁 여기저기 군데군데
무리 지어 피어 있는 노랑물결의 유채꽃

야산발치 산자락에 화사한 자태를 뽐내며
피어 있는 진달래 개나리 동백꽃들을
달리는 차창으로 관조(觀照)해 보면
감탄사가 절로 나고

만덕산 다산초당 천일각에서
칠량 대구 마량쪽의 강진만을 내려다보면
물아일체(物我一體)의 경지에 빠지게 된다

그렇습니다
사계절 중 강진의 봄은
하늘이 내려 주신 가장 아름다운
자연의 선물입니다.

* 『세계시문학』에 수록(2013)

다산초당(茶山草堂) 가는 길

한양에서 남도 천리
죽장망혜(竹杖芒鞋) 부설지로(負紲之勞)
강진 땅에 당도하니
인적은 한산하고 반기는 이 하나 없네

가까스로 물어물어
주막집에 찾아드니
주모가 맞이하네

호롱불 등잔 밑에 짐보따리 풀어놓고
사지육신 쌓인 피로 한숨으로 달래면서
천장만 바라보니 내 신세가 처량토다

사 년 동안 주막집을 사의제(四宜齊)라 명명하고
맑은 정신 가다듬어 글공부 시작하고
심신이 안정되어 사방을 둘러보니

북쪽에는 우두봉이
서남쪽엔 만덕산이

동남으론 탐진강이 유유히 흘러내려

산천경계 수려하고
오곡백과 풍성하여
풍요로운 고장이다

하루는 만덕산 밑 귤동마을 거슬러서
만덕산 중턱 올라 강진만을 굽어보며
처자 생각 형님 생각
한양 땅과 흑산도를 허공에 그리면서

십팔 년간 이곳에다
다산초당 터를 세워
학문에만 심취하리.

* 죽장망혜(竹杖芒鞋) : 대나무 지팡이와 짚신발
* 부설지로(負紲之勞) : 귀양살이 가는 이를 돕는 짐꾼
* 사의제(四宜齊) : 다산 정약용이 18년간 유배시 다산초당으로 가기 전 4년 동안 머물렀던 주막집을 사의제라 이름 붙였다
* 『세계시문학』에 수록(2015)

녹우당(綠雨堂)

덕음산(德陰山) 기슭 명소부에
아늑하게 터를 잡고 대대로 세거(世居)해 온
호남의 명문거족
해남 윤씨의 요람

좌청룡 우백호 양 날개 활짝 펴고
앞에는 문전옥답
서편으론 문필봉이 조화롭게 자리 잡아
연년세세 부귀영화 자자손손 발복하여
녹우당이 탄생했네

새벽녘 높새바람
비자림 대풀숲을 휘감고 스쳐 가면
녹우당 사랑채에 은행잎 우수수
옥구슬 구르는 듯 빗방울 소리 은은하고

싱그러운 풀내음이
남도의 관광명소 녹우당에 스며들면

전국 각지 관광객이 줄지어 찾아들고
경건한 마음으로
고산(孤山)의 높은 지혜 모두가 감탄하네.

* 녹우당 : 해남의 연동에 위치한 고산 유적지
(국가지정 사적 제167호 · 국보급유물 다수 소장)
* 『세계시문학』에 수록(2017)

보길도 세연정(洗然亭)

해남의 땅끝에서 뱃길로 사십여 리
완도땅 보길도에 살포시 당도하니
수평선 가물가물 쪽빛치마 나부끼며
은빛 물결 바다 위에 점점이 박힌 섬들

산천경계 수려하니 별천지가 아니던가
어부사시사 고산 윤선도 가슴 깊이 되새기며
발걸음 재촉하니 부용동의 세연정이
미소로 반겨 주네.

세연정 주변경관 연지(然池)에 투영되어
봄. 여름. 가을. 겨울 사시사철 그 풍치가
한 폭의 수묵화로 연지 위에 떠오르니

고산의 조경솜씨 만세에 빼어나서
현대 조경사의 효시라 극찬하고

우리나라 3대 정원 그중에서 으뜸가는
*별서정원이라네.

* 별서정원(別棲庭園) : 속세의 부귀영화를 등지고 농경을 하면서 자연을 벗 삼아 생활하기 위해 벽지에 터를 잡은 소박한 주거정원.
*『세계시문학』에 수록(2014)

명사십리 해당화

백사장 사구 위에 활짝 핀 해당화야
연분홍 저고리에 녹색치마 팔랑이며
남녘의 봄소식을 어느 님께 전하려고
수평선 저 너머로 고향 하늘 바라보나

앞에는 쪽빛 파도 뒷켠에는 푸른 송림
운치 있게 터를 잡고
은빛 물결 파도 위에 흰갈매기 꺄륵꺄륵
소나무숲 따오기는 긴 모가지 따옥따옥
구성지게 노래하고

저 멀리 가물가물 청산도를 바라보며
한여름엔 피서객에 한겨울엔 설한풍에
모질게도 이겨 내는 초연한 너의 자태

속세에 찌든 인간 해당화 너의 습생(習生)

촌치라도 닮았으면 우리네 인생사가
만세 화평하련마는……

* 명사십리 : 전남 완도군 신지도에 위치한 길이 4km에 달하는 명품해수욕장(백사장 주변에 해당화가 군락 자행하고 있음)

소록도

남도의 끝자락 고흥반도 천 리 길
황톳길 신장로 돌뿌리에 채어 가며
헌두덕지 걸쳐 입고 짚신발 절며절며
고향 산천 이별하고 정처없이 남쪽으로

콩밭 매는 아낙들께 소록도가 어디냐고
숨죽여 물어보면 대답은 하지 않고
호미 자루 치켜들고 남쪽만 가리키네

흘러가는 저 구름아 내 갈 곳이 어디메뇨
굶주린 배 움켜쥐고 몇 날 며칠 헤매 돌아
녹동 끝에 다다르니 바다 건너 소록도가
오라는지 가라는지 무심한 표정으로
대꾸도 하지 않네

아, 저기가 소록도 사슴이 누워 있는 형국
남이 선택해 준 섬 이방인의 고향

자꾸만 자꾸만 안개 속 미궁으로
처량한 이내 신세 사주팔자 한탄하랴.

금곡사

새하얀 벚꽃
흐드러지게 녹아내린
금곡사 계곡

깊은 골 물소리 졸졸졸
높은 바위 절벽 아래
고란초 자생하고

소나무 가지 위에
산비둘기 파드득 날고
야산발치 산자락에
장끼 울음소리 쩌렁쩌렁

법당의 목탁 소리
새벽안개 거둬 내면
동녘의 아침 햇살
구강포를 어루만진다.

갈등(葛藤)

나는 오른감기 너는 왼감기
우리는 서로가 얽히고설킨 사이
만수상 드렁치기

그래서
우리는 서로 갈등
칡과 등나무

나는 한여름에 너는 이른 봄에
보랏빛 꽃망울로
벌나비 유혹하여 종족을 번식하고
타인을 속박하는
같은 콩과식물 얄미운 존재

그래서
우리는 서로 갈등
칡과 등나무.

* 오늘날 우리 사회의 현실을 칡과 등나무에 비유 해학적으로 읊은 시(칡은 오른쪽으로 감아 올라가고 한여름에 개화, 등나무는 왼쪽으로 감아가고 이른 봄에 개화하는 콩과식물)

백련사 동백

동지섣달 기나긴 밤
매서운 설한풍을
모질게도 이겨 내고

초록빛 에메랄드 잎새 사이로
수줍은 새색시 앵두 같은 꽃입술
뾰족한 입가에 노랑미소 지으며

남녘의 꽃소식을 그 뉘에게 전하려고
올해도 뒤질세라
종종걸음 아장아장
잔설(殘雪) 속에 피워 보네.

* 노랑미소 : 동백꽃잎 속의 노랑색 수술

인동초(忍冬草)

동지섣달 기나긴 밤
매서운 설한풍을
모질게도 이겨 내고
검푸른 가시덤불
장막을 헤쳐 나와

새하얀 소복 차림
여인네 반달가슴
고개 들어 미소 지면

소복소복 쌓인 눈도
사르르 녹아내려
한많은 옛 사연을
인동초가 달래 주네.

* 故 김대중 대통령의 살아오신 인생 역경을 그려 보며

문풍지

동지섣달 기나긴 밤
매서운 칼바람에
부우부웅 문풍지
밤새워 떨고

새벽녘 닭장우리
꼬끼오 꼬끼오
긴 모가지
피눈물 토해 내면

동녘 하늘 어슴푸레
동창이 밝아 오고
삽살개 꼬리춤에
싸리문 걸장치고

동구 밖 아낙네들
조반 준비 서둘러서
우물가로 모여 드네.

두견새 울더라

살구꽃 질 때
두견새 울더라
먼저 간 님 그리워
가는 봄이 아쉬운지

소쩍소쩍 소쩍쩍
두견새 밤새워 울어 대더니
들판에 모내기 시작되더라
다가올 풍년을 재촉하듯이

소쩍소쩍 소쩍새
울어 대더니
새하얀 배꽃이 활짝 피더라
풍성한 결실을 예언하듯이.

한가위 보름달

휘영청 밝은 달
온 누리에 비춘다
올가을 벼 이삭이 유난히 탐스럽다
수수 모가지 콩깍지 팥 녹두도
알이 잘 여물었다

밤, 대추, 사과, 배도
토실토실 윤기가 난다
송편도 설기떡도 간이 잘 맞다

그러나 추석이면 늘 허전해
저 세상 일찍 가신
아버지 작은아버지 생각에
늘 속상해

할아버지 할머니 어머님께서는
애써 내색은 안하셔도
한숨만은 잦으신다.

* 내 어릴 적 명절 때면 느꼈던 감정

추석
–고향 가는 길

연분홍 코스모스 산들바람 나부끼며
순백의 들국화 청초롬히 피어 있는
아름다운 꽃길 따라 정든 고향엘 간다

따사로운 가을 햇살 누렇게 익어 가는
황금물결 벼 이삭이 고개 숙인 들판
논두렁을 따라 그리운 고향엘 간다

빨갛게 주렁주렁 매달린 고추밭
수수모가지 사이로 빨간 고추잠자리
춤추며 앉았다 간 빈자리
밭길을 따라 꿈에 본 고향엘 간다

탐스런 포도송이 손님을 기다리며
사과나무 배나무 가지마다 축 늘어진
과수원을 옆에 끼고 보고픈 고향엘 간다.

백일홍

진달래 개나리 살구꽃 등
화사하게 물든
춘삼월 다 보내고

심술궂은 막내아들
몽니 부리듯
칠팔월 삼복더위 뙤약볕 아래

송이송이 축 늘어진
핏빛 꽃망울
이마에 송글송글 구슬땀 맺혀

석 달 동안 끈질기게
충절(忠節)의 표상
그래서 이름마저 백일홍일세.

* 백일홍은 화창한 춘삼월 다 보내고 꽃이 없는 칠팔월 삼복더위에 100일 동안 핀다 하여 붙여진 이름. 옛부터 백일홍은 청렴과 충절을 상징하는 나무로 서원이나 학당 충효열녀의 비각 주변에 심어왔으며 최근에는 공원이나 아파트주변 관상수로 각광을 받고 있다.

무상(無常)

강물이 흐르는 동안
세월도 흐르고
세월이 흐르는 동안
강물도 흘러

창공엔 새하얀 뭉게구름
들판엔 아름다운 꽃과 나무들

날마다 새롭게
피었다 지는 동안
우리네 인생도 피었다 지네

모든 것 다 내어 주고도
마음 한구석
늘 허전해

오~ 그리운 님이시어
부족한 듯 채워지는
우리네 인생살이여.

석양의 풍경

저녁노을 검붉은 갯벌 위를
도요새 몇 마리 종종걸음
먹이 찾아 분주하고

낡은 목선(木船) 한 척이
맥없이 뻘등에 누워 있네

곧 썰물이 밀려들면
종종거리는 저 물새들도
흔적 없이 사라질 텐데

언제까지 저러고 있을려나
죽망태기 허리춤에
할방구 한숨소리만 깊어 가는데.

가마터[窯]

영겁의 세월 속에
태고의 숨결 가득한
무명 도공의 혼백이 영면하신 곳
이곳, 도요의 성지

동쪽에는 대계산(大鷄山)이
북쪽으론 여계산(女鷄山))이
조화롭게 자웅 이뤄

소쿠리 형국의 가마터에
다섯 알을 산란하여
란산, 동산, 섬당, 미산, 비라도를 탄생시킨
청자의 요람

역사의 토양 속에
신라 때 씨를 뿌려 고려 때 꽃을 피운
천년비색 강진의 청자여
만세에 길이길이 영원하여라.

향수(鄕愁)

내 가노라 저 멀리
뭉게구름 수평선 너머
초승달 드리운 조각배에
밤하늘 별빛 동무 삼아

신장로 한복판에 희미한 달그림자
구름 사이 얼굴 내밀고
새소리도 대나무숲에 숨죽이며
한가족 모여 살고

황량한 칼바람 머리 위에
성난 야수의 몸부림
광야에 드리운 달그림자

우물 속에 떠 있는 표주박
조각배 되어
고향 하늘로.

자운영(紫雲英) 꽃

진달래 살구꽃
화사하게 물든 사월
논바닥에 낮게 깔린
연분홍 꽃무리
자운영 꽃

그들의 땅에서
소들이 풀을 뜯고
토끼풀 밭에서 꽃들이 자라네
그들은 말하네

맑은 공기와 숲, 언덕과 들판
모든 것이 자연 그대로이니
이곳에서 우리들은
한평생 살아갈 것이라네.

정월 초하루

햇살 한 접시
떡국 한 그릇에
나이 한 살 더 먹고
나는 이제
어디로 가는 것일까요

부모님 모두 다
저 세상 가시고
안 계신 이 세상
우리가 살 집은 어디일까요

일년 내내
꼬까옷 입고 살 줄 알았던
어린 그 시절 그 집으로
다시 가고 싶네요

온 가족이
함박꽃처럼 환하게 웃던

그 시간 속으로
다시 돌아가고 싶네요.

군무(群舞)

석양 노을 검붉게
장막 드리우면
창공에 가창오리 떼
먹구름 몰고와
고요한 바다는 요동질한다

누구의 인솔인가
허락도 없이
바람 따라 물결 따라
군무 펼치며
잔잔한 호수 위에 비단물결
수놓는다.

낙조(落照)

장장하일(長長夏日)
불타던 태양이 한풀 꺾이면
수평선 저 멀리
장밋빛 만찬

수줍은 여인의
주홍빛 드레스 하늘거리면
오늘도
어부는 갈매기 사연 싣고
귀가를 서두른다.

미소

새벽바람이
한 마리 예쁜 새를 데리고 와
나의 창을 두드리네요

꿈을 털고 일어나라
그리고
웃어라 노래하라

내 어머니의 눈빛 닮은
정겨운 새벽바람이
또다시 나를 재촉하네요

손님을 맞으려면
새 옷을 준비해야지
마음을 깨끗이 하고
대문을 활짝 열고 마당도 쓸어야지.

미풍

따스한 봄바람
들판에 날리면
꽃과 나뭇잎
반겨 노래 부르고

나의 사랑도
나를 부르면
나도 미소로 응답하는
미풍에 실려
콧노래 중얼거린다.

허전한 항구

소낙비 그친 오후
부두의 정적을 깨뜨린
뱃고동 소리

그대 가슴에 뜨거운 눈물

멀어도 가까운 듯
아련한 추억 속에
그대는 내 가슴에
허전한 항구처럼.

해와 해바라기

모닥불 쏟아 버린
한여름 오후
숨이 막히고 이마는 무거운데

졸고 있을 때도
오직 너뿐이련만
우리의 관계는
해가 뜨고 해가 지고

그러나 너와 나의 관계는
해와 해바라기.

허전한 마음

의자가 비어 있구나
그대 머물던 자리
비워둔 건 정말 잘한 일이오
만찬준비는 끝나고

창 너머로
불그레한 등이 켜지고
그러나
그대는 아직 멀어
빈자리가 허전하구려.

초로(草露)

남몰래 왔다가
흔적 없이 사라진
안개로 캔버스가 젖을 때
비로소 너를 보았다

지난밤 무거운 이슬에
눌려
유성(流星)이 흘러가고
어둠 속에 단잠이 밀려오면
소리 없이 떠나버린
너의 실체를 이제야 알겠다.

수련(水蓮)

유리알처럼 아슬아슬한
수련
차마
혼자 보기 두려운데
물안개 자욱한 호수

드높은 하늘이 포근하구나
호수는 고요하고
그래서
수련은 더욱 청초롬하고
날마다
동화처럼 신기하구나.

고향 길

숲이 무심할 때
길이 보이더라
황톳빛 서러운
고향 길에서

살끝이 시리도록
꾀꼬리 울더라
눈시린
고향 하늘이
가슴에 와 있을 때
숲은 무심하고
너에게 가는 길이 보이더라

숲이 무심해야
네가 보이더라.

연서(戀書)

복사꽃 필 때
그대는 울더라
밤 지새며

소쩍새도 울더라
짧은 봄날이 아쉬운지
비탈진 황톳길 과수원
핑크빛 구름아.

동경

오는 듯 도망치는
서러운
보랏빛
다시 만난들
오늘의 그리움일까

몇 자 이름 남기고
풀잎은 쓰러지고
바람은 벌판을 방황하고
얼마나 외로울까

내일은
발목이 저리도록
긴 편지를 띄워야지.

오월의 초원

푸른 초원은 그림이다
때로는 쓰러지는 바람도 그림이다
강물의 흐름도 그림이고
사라져 버리는 아픔도 그림이다

당신과 마주하고
손을 잡는 날도
강물은 흘렀고
풀잎은 쓰러졌다

붓이 무슨 소용이 있을까
오월의 초원에서
캔버스에 눕히자.

수평선

서로의 믿음이 시들해지면
새들은 높이 날고
날개가 빛나는 날은
바다도 몸을 비운다

몸을 섞고
몸을 푸는 구름도
히히덕거리다 돌아가면
수평선 빛나는 노을
나는
약속에 알맞게 타협을 한다.

염전

–천일염

오매 말도 안된 소리 하덜 말어
갯물을 논바닥에 한정 없이 가둬 두면 소금된다고
그것이 참말이랑가?

콧구멍 서늘한 서남풍이
창공에 새하얀 뭉게구름 서둘러 몰아내면
창연히 눈부신 햇살이 대지를 직시한다

할방구는 주섬주섬 죽망태기 등에 메고
새벽길 재촉한다
삽살개도 덩달아 기지개 허리 펴고
서둘러 촐랑대면
저 멀리 수평선에
태양이 뜨겁게 얼굴 내민다

할방구 용두레질 어영차 어영차
갯물 퍼 올리면

삽살이 몸뚱이엔 아침 이슬 뒤범벅
창공에 노고지리 비행노래 부르고

할방구 용두레질 턱밑에 헐떡거리면
햇살 가득 품은 갯물
논바닥 어루만진다

할방구 등가죽에 구슬땀 식어 가고
갯물은 햇살의 분노에 쫓겨
서남풍 따라 허공에 수증기 되어
이별노래 부르고

논바닥에 새하얀 메밀꽃이
새색시 얼굴 내민다
오매 이것이 무엇이어 진짜 소금이랑가?

할방구 양가슴엔 두근두근 홍두깨질 한다
갯물 빠진 논바닥을 밀고 당기고

미래질 헐떡거리면
새하얀 소금이 노적(露積) 이룬다

할방구 뛰는 가슴 시집간 새색시 가슴처럼
헐레벌떡 두근두근 요동질 친다
진짜 소금이 참말이구먼.

허무함

영원한 것은 무엇
만남과 이별은 무엇
기쁨의 끝이 있듯이
슬픔이 깊어지면
바람 부는 날 눈물이 나

하나의 생명에
불이 붙을 때
더 이상 멈출 수 없는
마루턱에 올라
길 떠나는 연습을
누군가 무척 허전해.

반딧불이

한여름밤 온 가족이
마당에 덕석 깔고
빙 둘러 모여 앉아

모깃불 피워 놓고
오순도순 저녁 식사
매콤한 풀냄새 연기
모락모락 피어오르면

후덥지근한 찜통더위
부채질로 식혀 가며
한낮의 고된 피로
밤하늘 은하수에 띄워 보낸다

어머님의 깊은 한숨
유성처럼 흘러가고
칠흑 같은 어둠 속에

풀벌레 울음소리만 요란한데
어디선가 이름 모를
반딧불이 비행을 하면

철부지 멍멍이는
영문도 모르는 채 두 귀만 쫑긋
이리 뛰고 저리 뛰고 재롱을 떤다.

가을 들길

가을 햇살
눈부신 풀밭 사이에
끊어진 듯 뚫어진 듯
젖은 목숨 접으면서도
풋풋한 풀잎에 발길질하며
흔적을 뒤적인다

바람은 왜 부는가?
갈대숲에 반짝이는
추억의 편린
끊어진 듯
아련한 보도 위에
바람은 왜 부는가?

뜨거운 눈물

보고 또 보아도
네 몸안에는 수천 수만의
이슬방울
너로 하여금
하늘거리는 실체
건드리면
터질 것 같은 우주

양귀비의 넋이여
너로 하여금
강물처럼 일렁인다.

초원의 아침

봄비 그친 강가에 앉아
들풀과 들꽃 사이
잘 덥혀진 훈풍
봄비는 웃자랐는데
나는 절뚝거리는
그리움 하나 거기서 보았지

강물이 흐르는 초원에서
아련한 그리움과
어깨동무하고
풀물 들어
절뚝거리며 돌아왔지.

상춘(賞春)

뜨거운 가슴으로
봄을 훔치고 싶다
어린 물고기처럼 들새처럼
파들거리는 초록을

바람에
쓰러졌던 풀잎
더욱
잔인하게 빛을 유혹하는데
그것도 훔치고 싶다

어쩌면 좋을까
손에 흙이 묻어 있으니.

석륫빛 입술

지금쯤
석류꽃 피겠지
소나기 양철지붕 두드리는
멀쩡한 오후

태풍의 눈처럼
전운(戰雲) 속의 떨림
이것은
낯선 입술 같은
기억

뺑 터진 석류알처럼.

장미의 교태

날카로운 가시로
비가 내려도
흥건히 젖지 않은

누구를 위한 꽃이 아니듯
교태가 아니다

아침 이슬 같은
너는
나에게 눈짓을 보낸다.

고독

설화(雪花) 만발한
섣달 어느 날
바람이 몹시 불더니
하늘 한 자락
무너지고
또 눈이 내리고

산새 소리도 메아리 되어
스스로 외로운데
너는 왜 내 밖에 있는가
외로움을 달래기 위해
외로움을 키우는
겨울 산아.

불타는 가을

저것은 단풍이 아니라
불길이다
여름 내내 침묵했던
녹음이 불타고 있다

번지는 불길
바람도 겁을 내는데
저편으로 날아간
재[灰]
또 한 계절의
불씨가 되리라.

들꽃 핀 노을

노을을 접을 시간인데
하늘은 아득하고
들꽃은 아직도
철이 덜 들었구나

아찔한 유혹 앞에
차마
그대 이름 부르랴

작은 미련마저 노을 져
들꽃이 하늘거릴 때
어찌
그대 이름 부르랴.

귀항(歸港)

우리의 사랑은
손등과 손바닥
그래서
어스름에 마감을 서두르며
귀가를 한다

마음은
언제나 그렇듯
사랑하는 사람의 체온 위에 놓이고
뱃고동으로
하루의 그리움을 확인한다

그래서
우리의 관계는
손등과 손바닥.

철부지

자리를 내줄 때마다
우연처럼
마음을 흔들더니
오늘은
한 줌의 빛으로 떨고 있구나

가지 끝에 매달린
바람 한 자락도
절실할 때
네가 베풀 기쁨을 생각한다

작은 영감(靈感) 하나
뿌리에 감춘다.

황홀함

돌아갈 수 없는 황홀함으로
새로 태어날 꿈을 그리며
꽃으로 태어난 것은
어쩌면
겁이 많은 탓이다

혼자 뜨거워질 수 있는
진실 하나로
누군가를 애원하지만
눈부시게 다가서는 것은
아름다운 유혹
그것은
겁이 많은 탓이다.

옛 친구

일렁거리는 강물도
아지랑이 피어오르는 들판도
바람결에 으슥거리는 갈대도
속세(俗世)로부터
멀리 있어
얼마나 좋을까?

평온해진
산과 들을 보며
이름 불러 고백한다
속세로부터
멀리 있어
얼마나 좋을까?

미련

부끄럼으로
한 번 피면
한 번은 꿈속에 잠겨야 했다

그리고
하나의 열매를
긴 세월 아쉬운 그리움
뿌리에 감춰야 했다

이런 인연으로
해마다
자존심 같은
비밀을 폭로해야 했다.

불타는 장미

이것은 도전이다
너에게 다가서는 것은
위험한 장난이다

불꽃으로 신음하는
너를 보면
깊은 꿈을 깬다

늦은 봄
훨훨 타오르는
너를 보고 있으면
위험한 반란이다.

토막집

꼬불꼬불 논둑길 걸어가며는
고개 밑에 조그마한 토막집 하나
낮이면 나무 하고 아기도 보고

저녁이면 공부하는 우리 야학소
저녁마다 선생님이 하시는 말씀
부지런히 공부하고 씩씩하여라
글 모르면 어리석고 어두웁단다.

* 1930년 일제강점기 수동마을에 구전되어 온 야학소 노래
* 1930년 1월 15일 이상면, 윤가현, 이진희, 김상환, 윤소현, 김승호, 윤충현, 박채언과 함께

빈 솥단지

나무를 한 짐 하여 집에 왔건만
솥에다 해 앉힐 쌀이 떨어져
어매는 한숨짓고 앉아계시고

헌두덕지 걸치신 할머니께서는
뚫어진 창구멍을 내다보시며
펄펄 날리는 저 눈이 모다
쌀이라면 얼마나 좋으련마는.

오월의 하늘

오월의 하늘은
푸르고 아름답다

광주의 하늘도 푸르고 아름다웠다
그러나, 팔십 년 오월
광주의 하늘은 어둡고 캄캄하였다

도청 앞 광장이 그랬고
금남로가 그랬고
망월동이 그랬고
빛고을 천지가 모두 그랬다

머리가 깨지고
숨이 막히고
가슴이 터질 것 같아
택시들도 경적을 토해 냈다

그러나, 아직도 망나니 통장에는
이십구만 원밖에 없다고
동문서답만 한다
오~ 통제라 오월의 하늘이여.

배꽃

아버님 기일(忌日)은 음력 사월 열이튿날
어머님 꿈에 선몽하신 날
아버님 기일이 다가오면은
언제나 새하얀 배꽃이 생각이 난다

학창 시절 광주에서 버스를 타고
남평다리 건너서 나주벌 황톳길 휘감아 들면
새하얀 배꽃이 온 들판을 가득 메운다
칠흑 같은 어둠에도 불야성처럼

시골집 강진 수동 고향의 밤은
이리 뒹굴 저리 뒹굴 잠못 이룬 밤
물 채워진 논배미에 와명(蛙鳴)은 진동하고
뒷동산 동백숲에 두견새 울음소리 밤새워 토해 내면
올 가을도 틀림없는 풍년이로세
이맘때면 복사꽃도 두견화도 함께 피겠지
지난날의 아련한 추억 속으로…….

소꿉친구들

이번 설날에도
아련한 옛 추억에
잠겨 봅니다

장현이 현이 재기 홍섭이 광이랑
시골집 왕골[莞草] 논배미에서

재기 차고 자재기 하고 도롱태 굴리며
연날리기하던
아련한 옛 추억 속으로.

제 2 부

산문과 상식
散文 常識

할아버지 할머니는 자나 깨나
우리 여진이, 재빈이, 서빈이, 서율이를
많이많이 사랑하고
만사형통하도록
매일매일 기도할게.

고향 편지

–보고 싶은 할머니

"녹음방초 경명지락(綠陰芳草 鶊鳴之樂)"

녹음방초 우거진 골에 꾀꼬리 울음소리 즐겁기만 하구나. 오월은 신록의 계절이자 가정의 달입니다. 언제나 이맘때면 타향 객지에 사는 사람들은 고향의 옛 추억 속에 아련함을 느끼게 합니다. 오늘도 문득 먼저 가신 그리운 님들의 생각에 고향편지 띄워 봅니다.

옛날부터 우리네 할머니들께서는 우리들에게 늘 들려주시던 말씀은 "곶감과 호랑이" 같은 동화뿐 아니라 너희들도 나중에 어른이 되어 '자식 낳고 살아 보아라. 그때 가서 부모 속을 알 것이다.' 라고 하시던 말씀. 그 당시는 별생각 없이 그냥 할머니께서 손아래 자식들에게 늘상 푸념처럼 하시는 말씀으로만 생각해 왔습니다.

그러나 세월이 지나 내가 어른이 되어 자식 낳고 살아 보니 그때 할머니께서 하시는 말씀이 한마디의 오차도 없는 진리요 도덕이요 철학임을 깨닫게 되었습니다.

내가 초등학교 어린 시절 무명베 솜바지에 고무신 신고 손발 호호 불며 학교에서 돌아올 때쯤이면 우리 할머니께서는 고구마 서너 개를 화롯불에 맛있게 구워 아랫목에 묻어두시고 손수 껍질을 벗겨 제 손에 놓아주시며 "내 강아지 따뜻할 때 어서 먹어라" 하시며 내가 먹는 모습을 지켜보시며 하시던 말씀이 눈에 선하기만 합니다.

본인께서도 잡수고 싶은 생각이 꿀떡같으셨겠지만 손주녀석 먹는 모습에 도취하시어 덩달아 빈입만 다시던 할머님이 그립습니다.

우리 모두의 할머니들께서는 늘 본인이 양보하시고 희생하시며 한평생을 가족과 손주 사랑으로 일관해 오셨습니다. 지금도 군고구마를 먹을 때면 할머님 생각에 코끝이 찡합니다.

사랑해요 할머니.

－2006년 5월 가정의 달에

〈2006. 5. 10 강진고을 신문 게재〉

대덕장(大德場) 가는 길

대덕장은 5일장으로 한 달에 여섯 번 서는 꽤 큰 시골의 전통 재래시장이다. 행정구역상 전남 장흥군 대덕읍 거정리 소재로 우리 마을 수동(水洞)에서 대덕장까지 걸어서 두 시간 반이 걸리는 십여 킬로 거리다.

마량장이 생기기 전까지는 우리 마을에서 가장 가까운 생활장터이다. 지금으로부터 60여 년 전 내 나이 10여 살 무렵 6.25 한국전쟁이 발발하였다. 무섭고 춥고 배고픈 시절 학교 갔다 집에 오면 어머님은 장에 가고 계시지 않아 마음이 허전하고 울적하였다.

할머님이 차려 주신 꿀맛 같은 점심 후다닥 게 눈 감추듯 먹고 장현이, 재기, 현이, 홍섭이 등 동네 애들 불러 모아 "우리 장마중 가자." "그래그래." 서로 좋아 어깨춤 추며 도롱태(굴렁쇠) 앞장 굴리며 알뫼, 청룡, 계치 거쳐 대덕재를 숨가쁘게 기어오르면 저 멀리 발치 아래 대덕장터가 무표정한 얼굴로 우릴 반긴다.

단숨에 내리막길 가로질러서 장터에 울렁가슴 드러내밀면 아직껏 우리 동네 아줌마들은 노상에 좌판 깔고 애타는 가슴 어느덧 석양은 뉘엿뉘엿 서산중턱에 끼니도 거른 채 빈입만 쯧쯧, "오매 내 새끼들 여그까장 왔는가? 얼른 팔아불고 집에 가서 저녁밥 맛있게 해 묵자."

우리 어머님 장짐은 무명베 서너 필, 계란 두 줄, 찹쌀 두 되, 참깨 한 되를 가져 가셨는데 다른 것은 모두 팔고 무명베 한 필만 남아 있었다. 계란꾸러미는 할아버지께서 솜씨 부려 엮어 주셔서 유난히 눈의 띈다. 남아 있는 무명베 한 필은 생선장수 할망구와 옥신각신 흥정 끝에 팔아넘겼다.

어머님께서는 할아버지가 좋아하시는 대구, 명태, 갈치, 김 등의 반찬거리를 주섬주섬 챙기시고 우리들에게는 비과와 센베 과자를 나누어 주신다. 우리 동네 장꾼 일행은 홀가분한 기분으로 대덕재를 향해 발걸음을 재촉한다. 비과 하나씩을 볼태기에 넣어 단물 빨며 대덕재 고갯마루 기어오르니 어느덧 중천 해는 서산마루 저 너머로 수줍은 미소지으며 내일을 약속하며 이별노래 부른다. 동네어귀 당도하니 할아버지 할머니 멍멍이까지도 장꾼 일행을 즐겨 반긴다.

호롱불 등잔 밑에 저녁밥상은 잠시나마 하루의 피로와 지난날의 아픈 추억을 떨쳐버리고 훈훈한 온기가 방안을 가득 메운다. 이것이 가족의 사랑이라는 것을 실감케 한다.

지난날의 추억을 되새겨 보면, 우리 어머니(내동댁)는 음식 솜씨, 바느질 솜씨, 배틀 솜씨가 뛰어나셨다. 내평할머니는 배메는 솜씨와 음식솜씨가 좋으셔서 집안에 경조사가 있을 때마다 내동댁과 내평댁 두 분이 주방(광방) 일은 항상 도맡으셨다.

계치 할머니와 나주 아짐은 솜씨는 별로였지만 인심 좋고 마음씨 후덕하고 사리가 분명하였으며 금동 할머니는 성품이 차갑고 냉정하시고 학송 아짐은 성격이 거칠고 일욕심이 많으신 억척 같은 분이었고 신계 아짐과 오동 아짐은 한없이 좋은 무골호인이셨다.

서로가 가난하고 어려운 시절이었지만 상호간에 화목하고 우애하며 어른을 공경하고 자식들을 사랑하는 마음과 정만은 항상 훈훈하고 넉넉한 시절이었다. 지금 와서 생각해 보니 그 시절이 좋은 때였다.

우리 할아버지(자중 씨)께서는 식견과 인품, 친절과 덕망이 높으시고 베품의 덕목을 두루 갖추신 훌륭한 어르신으로 대구초등학교 기성회장, 강진군교육위원, 강진향교 전교 등 사회활동에 늘 앞장서 오셨다.

그리고 우리 할머님(금산댁)은 항상 인자하시고 가난하고 배고픈 이웃을 먼저 생각하시는 인정이 많으신 분이셨다.

우리 어머님(내동댁)께서는 일찍이 아버님을 사별하

시고(내 나이 12세 때) 우리 형제 교육과 집안 살림에 낙(樂)을 붙여 인고의 세월을 가슴 깊이 삭여가시며 살아오셨다. 지금 와서 생각해 보면 가슴이 미어진다.

할아버지께서는 항상 이런 며느리가 안쓰럽고 짠하셨는지 하루는 강진읍장에 나가셔서 송아지를 팔아 싱거미싱(재봉틀) 한 대를 사 오셨다. 온 동네가 발칵 뒤집힐 정도로 그 당시는 귀하고 값진 물건이었다. 어머님께서는 감개무량하셨는지 눈시울을 붉히신다. 어머님께서는 바느질에 몰두하시어 추석, 설 명절 옷감 바느질을 손수 재단하시어 마음껏 솜씨를 발휘하셨다. 어린 우리들도 즐겁고 행복하고 기쁘기 한량없었다.

이렇게 저렇게 날이 가고 달이 가고 세월이 흘러 수십성상이 지나 그리운 님(집안 어른)들께서는 저 세상으로 먼저 가시고 총생들이 벌써 환갑과 고희를 넘겨 지난날의 추억들을 회상해 보니 감개무량하고 격세지감이 든다.

2010년 팔월

사랑스런 외손녀 여진이

미국에 사는 우리 자식, 우리 손주들 보고 또 보아도 보고 싶구나. 쥐면 깨질까 불면 날아갈까 귀엽고 착하고 영특한 사랑스런 여진이.

사위가 5년간 미국 근무 발령으로 2010년 7월 2일 온 가족이 미국의 '켄사스' 로 이사를 했다. 우리 부부도 관광 겸 애들도 돌볼 양 함께 동행했다.

여진이는 시민권자(7년 전 미국 출생)로 2010년 8월 16일 만 일곱 살에 미국의 "켄사스시티 ELEMENTARY SCHOOL"(초등학교)에 입학했다.

낯설고 물 설고 언어도 다른 이역만리 미국 땅에서 여리고 어린 것이 어떻게 적응할까 노심초사 하였는데 입학한 지 며칠 만에 어느새 적응하여 명랑하고 쾌활하게 언어소통 학업성적이 나날이 일취월장 대견하고 기특해라. 학교에 마중 가면 두 팔 활짝 펴고 할아버지 소리치며 얼싸안고 매달린다. 사랑스런 따스함이 온몸에 배어 든다. 진짜 예쁘기 그지없다.

하루는 동네 친구들이 여진이한테 놀러 왔었는데 그 중 한 친구가 내일이 생일이라 머리를 곱게 단장을 하였는데 여진이가 할아버지 귀에 대고 살포시 하는 말이 "할아버지 제 친구 헤어스타일 예쁘다고 칭찬 좀 해주세요"라고 귀띔을 한다. 여진아 할아버지가 영어로 갑자기 생각이 안나는데 하였더니 이녀석 거침없이 속삭여 하는 말이 "I like your hear cut라고 하세요" 하는 것이었다. 나는 깜짝 놀라 대견하고 기특하여 깨물어 주고 싶도록 귀여웠다.

한 4개월 동안 켄사스에서 지내면서 아침저녁으로 공원과 호숫가를 산책하고 아침식사 후 여진이 학교에 차 태워 보내 주고 끝날 무렵 태워 오고, 오후에는 태권도 도장에 다녀오고 매일매일 여진이와 일과를 함께했다. 정이 들대로 들었다.

2010년 9월 20일경 켄사스의 우리 여진이와 아쉬운 작별을 하고 켈리포니아주 얼바인시티 아들(승환) 집으로 와 우리 친손녀(서빈)와 역사적인 첫상봉을 하였다. "피는 물보다 진하다"는 말이 실감난다.

2주일 동안 우리 서빈이와 행복한 나날을 보내고 여기저기 구경도 많이 하고 11월 초 한국 인천공항에 도착했다. 삼복더위에 출발하여 초겨울 약 반년 만에 돌아온 셈이다. 우리 아들 승환이는 미국생활 초창기에 외롭게 공부하느라 심적, 물적으로 많은 고생도 하였지만 7년 만에 정상적으로 석, 박사를 모두 마치고 만혼을 하였지만 이제 가정을 꾸려 가정이나 직장에 만족감을 느끼며 성실히 살아가는 느낌이다.

그후 많은 시간이 흘러 3년(2013. 3. 2) 후 사위 가족(사위, 딸, 여진, 재빈) 모두가 여권 수속과 건강검진차 일시 귀국하여 3년 만에 만나 보니 여진, 재빈이가 훌쩍 커 버렸고 여진이는 3학년으로 제법 소녀다운 느낌이 든다. 사랑스럽고 귀엽다.

여진이는 예쁘고 영특하여 공부도 잘하고 피아노 실력이 수준급으로 선생님과 주변에서 칭찬이 대단하며 피아노 콩쿠르에 나가 입상도 여러 번 했다. 그리고 놀랍게도 입학한 지 2년 만에 "영재반"에 뽑혔으니 지 아빠 엄마는 얼마나 대견하고 기쁜지 조심스럽게 전해 준다.

전해 들은 우리 부부도 가슴이 벅차오른 기분이다. 아무튼 자랑스런 가정의 기쁨이다. 그리고 사위는 3년간 켄사스 근무를 마치고 새 근무지인 달라스로 발령을 받아 2013년 6월 5일 온 가족이 이사를 했다.

켄사스에서 달라스까지는 비행기로 3시간 거리인데 그곳의 날씨는 사계절 봄여름 날씨와 비슷하다고 한다. 그리고 사위는 직무 능력을 인정받아 4년 만에 차장에서 부장으로 특진을 하였단다. 축하를 보낸다. 사랑스런 차여진, 달라스로 전학 가서도 건강하고 영특하게 영재반에 선발되어 재빈이랑 사이좋게 훌륭하게 자라다오. 할아버지 할머니는 자나 깨나 우리 여진이, 재빈이, 서빈이, 서율이를 많이많이 사랑하고 만사형통하도록 매일매일 기도할게.

2014. 3. 30 수지 할아버지가

자랑스런 우리 자식들
–아들과 며느리, 딸과 사위

○ 우리 아들 승환이는

1971년생(돼지띠)으로 대학을 졸업한 후 현대전자 위성사업단에 한 2년 다니다가 느닷없이 미국행 유학을 결심한다. 매사에 비교적 허점이 없는 애라 우리 부부는 아들 손을 들어주었다.

2001년 7월 17일 제헌절로 기억된다. 자취방세 2천만 원을 달랑 손에 쥐고 비행기에 몸을 실었다. 낯설고 물설고 언어도 설은 이역만리 미국 땅에서 7~8년 동안 어떻게 버텨낼까 자나 깨나 우리 부부는 말은 안해도 노심초사 걱정이 태산이었다.(석 · 박사 과정을 순조롭게 정상적으로 밟아가도 7~8년 이상이 소요된다고 한다.)

그러나 경제적 어려움, 향수병, 배고픔, 정신적 육체적 고통을 극복하고 학업에 전력하느라 몸이 마를대로 말라 3년 만에 우리 부부가 미국 애리조나공과대학 석사과정에 있을 때 자식을 만나 보니 눈물이 울컥하였다.

옛말에 지성이면 감천이라고 사람은 정직하고 성실

하면 인정을 받고 살길이 있는 법, 지도 교수의 따뜻한 배려와 도움으로 틈틈이 교내 아르바이트로 학비와 생활비에 도움이 되었으며 유학 3년차에 전자공학 석사학위를 취득하고 박사과정은 "캘리포니아 유니버시티 얼바인공과대학"에 입학하게 된다.

석사과정을 마친 3년 후, 이때쯤에는 그전보다는 매사에 여유가 생겨 중고승용차도 장만하게 된다. 애리조나에서 캘리포니아까지 밤낮으로 21시간 동안 직접 운전을 하고 소형승용차에 생활도구를 가득 싣고 차안에서 잠을 자며 꿈에 그리던 "캘리포니아 유니버시티 얼바인공대"로 자리를 옮긴다. 이때가 2004년 우리 딸 승희 부부가 미국으로 이시하여 사위가 "캘리포니아 버클리대학"에 유학, 석사과정에 있을 때다. 우연히도 천만다행이다.

이역만리 미국 땅에서 형제간의 온정 어린 혈육을 상봉하게 되었으니 이때부터 우리 승환이는 모든 일들이 풀려나가기 시작한다. 여기서도 마찬가지로 지도 교수의 배려와 도움으로 박사과정 4년 동안 미국 굴지의 IT 회사인 "브로드컴"에 인턴사원으로 입사하게 되어 월급을 받아가며 공부하여 4년 만에 순조롭게 전자공학 박사 학위취득(2008년) 하고 이때부터 당당하게 연구직 정규사원으로 근무하게 된다.

그해 가을 일시 귀국하여 38세 늦은 나이에 결혼을 하게 된다. 공부하느라 곁눈 팔 새 없어 여자 친구 하나 없어 걱정이 되어 아비가 직접 팔을 걷어붙였다.

직장생활에 자신감과 만족을 느끼고 열과 성을 다해 온 결과 회사 근무 9년 동안 발명특허를 50여 개나 취득하는 등 큰 성과를 거두기 시작한다.

이런저런 입소문이 국내 삼성전자 인재영입팀(head hunter)에 입수되어 삼성전자측의 적극적인 영입교섭으로 2019년 2월 1일자로 전보발령을 배명받고 삼성전자 "네트워크사업부" 기술상무로 자리를 옮기게 된다.

미국생활 만 18년 만에 고국의 품으로 돌아온 것이다. 우리 아들 그동안 고생 많았다. 아비가 생각해 봐도 대단하다고 칭찬해 주고 싶다.

그동안 온갖 역경에서도 꺾이지 않고 100%는 아니지만 어느 정도 본인의 의지대로 꿈을 펼쳐 나가고 있기 때문이다. 삼성으로 이적을 해서 국내 IT산업 발전에 일익을 담당할 수 있는 중견 엔지니어가 되기를 기대한다.(파이팅)

○ 우리 며늘아기 유수아

1974년생으로 선화예고 졸업. 이화여대 서양화학과 졸업, 동대학원 디자인학 석사학위 취득.

2008년 결혼하여 슬하에 두 공주님(서빈, 서율)을 가졌으며 본인의 장점을 접어 두고 현모양처로서 오로지 남편 내조와 자녀 교육에 열중, 모범적인 가정을 꾸려가고 있다. 부모의 입장에서 늘 고맙고 감사하게 생각한다. (서빈아, 서율아 파이팅)

○ 우리 사위 차경환

1972년생으로 내 아들 승환이보다 한 살 아래, 그렇지만 늘 승환이 형, 승환이 형 하고 깍듯이 존칭하며 성품이 착하기 그지없다. 우리 딸 승희와 99년도에 결혼하여 슬하에 남매를 두었다.

삼성전자에 경력직 사원(과장)으로 입사한 후 2005년 경영학 석사과정으로 미국의 "버클리대학"으로 유학, 2007년 석사학위 취득, 귀국 후 삼성전자에 근무 중 2010년 차장으로 승진 "켄사즈 미국지사"로 발령을 받게 된다.(전 가족이 미국으로 이사)

미국 근무 8년 동안 피나는 노력과 능력을 인정받아 차장에서 부장으로, 부장에서 상무(임원)로 삼성전자 근무 12년 만에 상무까지 초고속 승진을 한 셈이다.

2017년 11월 상무 승진으로 사위는 12월 초 먼저 귀국하고 남은 가족(처, 아들, 딸)은 이듬해 1월 초에 한국으로 보금자리를 옮겼다. 금의환향한 셈이다. 우리 사

위도 대견하고 자랑스럽다.(파이팅)

○ 우리 딸 승희

1975년생, 선화예고 졸업. 이화여대 서양화학과 졸업. 동대학원 서양화학 석사학위 취득. 재학 중 4년 동안 특대장학생으로 "이화를 빛낸 학생"에 선발되는 등 실력이 특출하였다. 결혼 후 슬하에 남매(여진, 재빈)를 두고 현모양처로서 본인의 장점을 접어 두고 오로지 남편 내조와 자녀 교육에 전념해 줘서 고맙고 감사하고 대견하다. 그러나 몸이 너무 약해서 부모의 마음은 늘 미안하고 걱정스럽다.(힘내라)

여진아 재빈아 파이팅!

엄마 아빠 말씀 잘듣고 착하고 영특하게 건강히 자라다오.

수지 할아버지가 써 준 글 알지!

> 극기(克己) "Self control"
> 자기 자신을 이겨 내는 것(성공의 비결)

300년 앞 내다본 고산 윤선도의 지혜

대대로 전라도의 강해남(康海南)에서 세거(世居)해 온 해남 윤씨는 호남의 명문이자 전국에서도 명성이 있는 가문이다.

해남 윤씨 가문의 뛰어난 학자인 고산 윤선도는 16세기(1587~1671) 때 인물로 글재주 뿐만 아니라 우리 인간생활의 기초 분야인 의식주, 천문, 지리, 의학, 조경 등 다방면에 해박한 지식을 겸비하였으며(그 사실은 녹우당 국보급 자료가 입증) 1633년(인조 11년) 47세 때 문과에 장원급제하여 예조참의를 지냈으며 효종 임금의 사부로 사후 충헌(忠憲)이라는 시호까지 받게 되었다.

고산 하면, 대부분의 사람들은 보길도 은둔 유배생활 시 어부사시사, 오우가 등 빼어난 시조 단가작품을 쓴 조선중기의 대학자로만 기억될 수 있지만 그의 진면목은 수백년 앞을 내다본 간척사업과 민간정원(조경) 사업에 대하여는 세간에 모르는 이가 많아 언급해 보고자 한다.

최근 필자는 조경에 관심을 가지면서 보길도는 수차

례, 진도의 굴포리와 노화도의 석중리에 한 차례씩 들렀는데 현지 탐방 후 놀라움과 감탄을 금할 수가 없었다.

보길도 부용동의 세연정(洗然亭)의 세연지(洗然池)는 1637~1668년(31년간)에 조성되었으며 연지 내의 거대한 평암석의 구도 배치와 인공섬 축조, 연지 내의 물의 유입과 유출을 조절하는 과학적 석보(石洑) 축조기법, 주변경관 조성 등 현대조경사에게도 흉내 낼 수 없는 근대조경사의 효시이자 걸작품으로 평가받고 있다.

우리나라 3대 민간정원(보길도 세연정, 담양의 소쇄원, 영양의 서석지) 중 별서정원(別棲庭園)으로 으뜸을 꼽는다.

진도의 굴포지와 노화도 석중리의 간척사업은 100만 정보 규모의 방대한 면적으로 지금으로부터 약 350여 년 전 아무런 기계기구와 자재도 없는 순전한 원시적인 농구와 육신의 피땀으로 이 거대한 간척사업을 일구었다는 것은 초인간적인 의지와 집념 그리고 식량자원에 대한 애착과 철학이 없이는 감히 상상도 할 수 없는 그 당시의 대역사(大役事)라 지칭해도 미흡한 표현이란 생각이 들었다.

그 당시와 지금의 사정을 비교해 보면 새만금 간척사업에 버금가는 대역사가 아니었는가 하는 생각을 해 보게 된다. 또 한 번 놀란 것은 탐방 일행이 기념 촬영을 하기 위해 옆에 있는 소나무를 배경으로 포즈를 취했을 때 잘 생기고 웅장한 노송(해송) 한 그루가 예사롭지 않았다.

350여 년 동안 만고풍상을 다 겪으면서도 어느 가지 하나 병충해와 공해에 오염되지 않고 우람한 자태를 뽐내는 기상은 고산의 기계(奇計)와 선견지명이 아니고서는 그 고달픈 울력상황에서도 먼 훗날을 예견하고 기념식수를 하였다는 것은 그 사실 자체만 보더라도 식량안보와 환경보전을 그 당시부터 머리 속에 그리셨다는 말로 풀이된다.

현재 현지 주민들로부터 그 고마움에 대한 보은으로 정월 대보름날이면 사당에 고산의 위패를 모시고 제사를 지내 오고 있다.

〈2006. 7. 7 강진고을 신문 게재〉

세서절(洗鉏節)

지금 세상이 어지럽게 돌아가고 있다. 하늘과 땅 바다에서 별의별 일들이 벌어지고 있다. 삼한사온이 이미 실종된 지 오래고 계절의 룰이 깨어진 지 오래다.

원래 모매기는 남에서 북으로, 가을걷이는 북에서 남으로 그리고 꽃소식은 남에서 북으로가 계절의 순리였다. 그러나 요즈음은 아열대식물인 동백과 대나무가 서울에서 건재하고 진해에서 먼저 피어야 할 벚꽃이 여의도 윤중로에서 5일 먼저 만개하는 기이한 일들이 벌어지고 있다. 이것이 바로 지구온난화(Global Hot) 현상이다.

히말라야의 만년설과 북극의 만년빙하는 계속 녹아내리고 과학문명의 반대급부로 지구상 도처에서 각종 공해와 환경오염 등으로 우리 인간을 비롯 모든 동식물들의 비명소리가 우리의 귓전까지 울려퍼지는 느낌이다. 이런 현상을 자업자득이라고나 할까?

우리 인간이 버린만큼 되갚음을 당하는 천륜의 법칙이라고나 할까? 옛 성현의 지혜와 조상들의 후덕하고 여유 있는 삶의 지혜가 새삼 그립고 부럽게만 느껴진다.

지금 농촌의 들녘에는 벼 포기 자라는 소리가 바스락거리는 듯하다. 이제 벼농사도 옛날처럼 상부상조하는 품앗이 정신은 사라지고 농촌인구의 고령화로 기계가 대신하고 있다. 내일모레가 칠월칠석이다.

불현듯 옛날 보릿고개 시절의 칠석과 백중 때 우리들 어머님들께서 만들어 주신 밀개떡 생각이 나 어릴 적 우리 농촌의 실상인 토막상식을 언급해 보고자 한다.

"세서절"이란 칠석에서 백중(음 7. 7~7. 15)까지의 기간을 말하며 이때가 벼농사의 배동바지[穗孕期] 시기로 사실상 그해의 농사가 마무리단계에 접어들 때다. 다시 말해 농부가 그해의 농사를 끝내고 호미를 씻어 놓는다는 뜻으로 정역(正易)에 농부세서세공성(農夫洗鉏歲功成 : 농부가 호미를 씻으니 그해의 농사가 성사되었도다.)라고 노래불렀다고 한다.

지금 세대는 1년 중 설과 추석만을 2대 명절로 생각하고 야단법석을 떨며 교통대란을 겪지만 옛날에는 설, 추석, 정월대보름, 칠석과 백중을 4대 명절로 꼽았으며 세서절에는 필연코 돼지 잡고 막걸리 빚고 밀개떡(전) 만들어 이웃끼리 나누어 먹으면서 그해의 풍년농사를 기원했다는 우리 고유의 전통미덕을 되새겨 본다.

〈2007. 8. 17 강진고을 신문 게재〉

청려장(青藜杖)

–건강, 장수, 효자지팡이

청려장이란 1년생 초본(草本)인 명아주를 말려서 만든 지평이를 말하며 재질이 가볍고 견고하면서 표면에 요철이 많아 지압효과가 있어 본초강목(本草綱目)에 따르면 중풍예방에 효과가 있어 노인용 지팡이로는 으뜸이라는 것이다.

요즈음 필자는 퇴직 후 근 10여 년 이상을 거의 매일같이 산행을 하면서 취미 삼아 마음껏 솜씨를 부려 친환경 명품지팡이 수십 개를 만들어 주변 노인분들께 선물하였다. 그랬더니 주변 사람들로부터 광교산 지팡이 도사라는 별호까지 듣게 되었다. 사용해 보니 느낌이나 감촉이 좋아 호신용으로 제격이다.

그 옛날 어려운 시절 우리의 식생활이 궁핍하고 의술이 빈약할 때 우리의 인간수명은 지금같이 장수하지 못하고 단명하였다. 그러다 보니 불로장생, 만수무강, 무병장수 등 늙지 않고 오래 살기를 간절히 소망했던 게 아니었을까?

우리가 어린 시절 50세가 넘은 어른이 계신 가정에서는 지팡이 하나쯤은 필수비장품으로 여겨 왔다. 원래 지팡이는 본인이 만들기보다는 남이 만들어 선물하는 것이 예사였다고 한다. 그래서 50세가 되면 자식이 부모에게 만들어 드린 지팡이를 가장(家杖), 60세가 되면 마을에서 축하의 뜻으로 만들어 드린 지팡이를 향장(鄕杖), 70세가 되면 나라에서 만들어 준 지팡이를 국장(國杖), 80세가 되면 임금님께서 직접 하사하신 지팡이를 조장(朝杖)이라고 하는 기록이 있다.

전남 담양의 면앙정에 가면 당나라 때 송순의 그 유명한 삼언가(三言歌)에 부여장송백년(扶藜杖送百年) 즉, '청려장 부여 짚고 백년해로 하리라' 는 글귀가 쓰여 있듯이 무병장수란 우리 삶의 최고의 덕목인 것은 틀림없는 사실이다.

또한 도산서원에도 퇴계 선생이 짚던 청려장이 보존되어 있으며 문경세재에서는 옛부터 1년에 100개 정도의 청려장을 한정 제작하여 귀하신 손님의 선물이나 노령하신 마을 어르신께 드리는 풍습이 지금까지 전래되고 있으며 수년 전 "영국의 엘리자베스 여왕"이 안동의 하회마을을 방문했을 때도 청려장을 선물했다고 한다.

요즈음 등산 인구가 계속 늘면서 간편한 등산용구들을 많이 휴대하고 산행하는 모습들을 종종 보게 되는데

대부분 화학자재로 만든 플라스틱 공산품으로 별로 우리 몸에 유익하지 못한 것들이다. 산행용 스틱 정도는 친환경적 목재지팡이 하나쯤은 손수 만들어 사용해 보면 어떨까 생각해 본다.

〈2010. 6. 3 강진신문에 게재〉

산(山, mountain)이란?

남녀노소 빈부귀천(男女老少 貧富貴賤)이 평등하게 만나는 곳. 요즈음 우리의 생활이 윤택해지고 삶의 여유가 생기면서 해마다 산행(등산) 인구가 계속 늘어나고 있다. 참 좋은 현상이다.

무리하지 않고 적당한 산행을 꾸준히 하게 되면 유산소운동의 반복으로 신체근력 강화는 물론 심폐기능이 강화되어 머리가 맑아지고 시력도 좋아지며 치매예방에도 도움이 된다고 한다. 그래서 의술도 외면한 불치병들을 꾸준한 운동과 식이요법 등으로 건강을 되찾는 사례를 우리 주변에서 흔히 볼 수 있다.

산행을 할 때는 계절적으로 녹음방초 무성한 신록의 계절 5월이 가장 좋으며 특히 침엽수림(전나무)에서는 우리 몸에 유익한 피톤치드라는 항생물질이 분비된다고 하니 시간대로는 오전 10시 이후 일조량이 풍부하여 탄소동화작용이 활발할 때를 고려해야 한다.

그러면 우리나라(남한)의 대표적인 2대 명산인 지리산과 설악산에 대하여 언급해 보고자 한다.

■ 지리산(智異山)

해발 1,915m로 3개도(경남, 전북, 전남), 5개 시군(산청, 함양, 하동, 구례, 남원), 15개 읍면에 속해 있으며 반경 320km(850리), 면적 1억 3천만 평(440km²)으로 여의도의 52배의 면적으로 거대하고 웅장하며 무궁무진한 민족이 대명산이다.

그래서 지리산을 10번 다녀온 사람은 지리산에 대한 박사요 100번을 다녀온 사람은 보아도 보아도 보이지 않는 산이라고 표현했다고 한다. 그만큼 대고광심(大高廣深)의 뜻이다.

1967년 12월 29일 우리나라 최초의 국립공원 제1호로 지정되었으며 지리산은 여성산, 육산(肉山), 자혜(慈惠)의 산, 어머니 젖가슴처럼 포근한 산, 사상과 이념이 다른 공비도 숨겨 주는 산, 모든 허물과 부족함을 감싸 주고 포용해 주는 산, 그래서 옛부터 우리의 삶이 외롭고 고달플 때는 항상 지리산의 품에 안겨 왔던 것이다. 고로, 지리산은 우리의 심신을 안정시켜 주고 마음과 정신을 평온하고 숙연하게 해 주는 산이라고 평가하고 있다.

• 피아골[직전(稷田)] : 조선말기 이곳에 피밭이 많아

붙여진 이름. 6.25전쟁 당시 국군과 빨치산의 격전지로 골짜기가 핏빛으로 물들어 지금까지 그냥 "피아골"로 불려오고 있다.

• 피아골의 삼홍소(三紅沼) : 산홍(山紅), 수홍(水紅), 인홍(人紅)

• 백두대간(白頭大幹): 백두산의 병사봉에서 시작하여 지리산의 천왕봉까지 1,400km의 구간을 말한다.

■ 설악산(雪嶽山)

해발 1,708km(대청봉)로 겨울철의 설경과 가을단풍 그리고 기암괴석의 절경이 빼어나 옛부터 남쪽의 소금강이라 평가받고 있다. 설악산은 남성산, 골산(骨山), 기산(氣山)으로 우리 몸이 나른하고 기운이 빠지고 맥없이 어깨가 처질 때 설악산의 바위 맛을 보라는 말이 있다.

그래서 우리가 도심의 일상에서 스트레스를 받아 머리가 무거울 때 1박 2일 코스로 설악의 기(氣)를 충전하는 것도 우리 생활에 활력을 불어넣는 한 방법 아닐까 싶다. 고로, 설악산은 우리의 심신에 활력을 불어주고 기분을 상쾌하게 해 주는 산이라고 평가하고 있다.

그리고 산행(山行)에는 등산(登山)과 입산(入山)이 있다. 통즉등산(通則登山)이요 궁즉입산(窮則入山)이라,

즉 잘 나갈 때는 등산을 하고 궁지에 몰렸을 때는 입산을 하라는 뜻이다.

• 우리나라에서 제일 높은 곳에 위치한 사찰과 암자
법계사(지리산): 해발 1,450 m
봉정암(설악산): 해발 1,320m

• 참고로 우리나라 국립공원 현황(지정 순서대로)
지리산, 경주,계룡산, 한려해상, 설악산, 속리산, 한라산, 내장산, 가야산, 덕유산, 오대산, 주왕산, 태안해안, 다도해해상, 북한산, 치악산, 월악산, 소백산, 월출산, 변산반도, 무등산, 태백산(현재 22개소)

• 우리나라 유명산의 높이(m)

백두산 2,744　한라산 1,950　지리산 1,915
설악산 1.708　덕유산 1,614　오대산 1,563
소백산 1,440　가야산 1,430　백운산 1,279
팔공산 1,192　무등산 1,187　용문산 1,167
백암산 1,110　월악산 1,092　속리산 1,058
조계산 884　계룡산 845　북한산 836
유명산 834　월출산 809　천관산 723

• 우리나라 최초의 공원 : 탑골공원(파고다공원), 1897년 영국의 부라운이 설계 건설.

• 남산공원 : 1910년 일본이 설계 조성.

• 미국 최초의 국립공원 제1호 : yellow ston 국립공원(1872년 3월에 지정)

계명천리(鷄鳴千里)

희망찬 새해 2017년(丁酉年)은 닭의 해이다.

닭은 옛날부터 시계가 없던 시절 시간과 때를 알려주는 영특한 동물로서 우리 인간과 더불어 한 울타리에 둥지를 틀었기에 가금(家禽)이라 불러 왔다.

철저한 자기 희생으로 살신여육(殺身與肉)까지 하는 가금 중에 일등공신으로 옛부터 사위가 처가에 가면 장모님께서 잡아주신 씨암탉이라는 말이 있듯이 귀한 사람의 보양식으로 으뜸을 쳐 왔다. 또한 닭 울음소리는 옛말에 천 리를 간다는 말이 있듯이 고요하고 청명한 날 중국의 산둥반도에서 우짖는 닭 울음소리와 개 짖는 소리가 전남 신안군 임자도 해변까지 들린다는 그 지역 촌로(村老)들의 말씀이 기억난다.

요즈음 핵가족화, 도시화, 공업화, 탈농촌화, 환경파괴 등등으로 우리 농촌에 닭 울음소리와 개 짖는 소리, 아기 울음소리가 차츰 사라져 가고 있는 안타까운 현실 앞에 여명의 새 아침을 여는 고고한 닭 울음소리와 함께 올 한 해는 우리 인간도 닭처럼 서로 감싸고 품어주며 베풀고 살아가는 한 해가 되기를 소망해 본다.

—2017년 丁酉 새해 아침

〈2017. 1. 4 강진고을 신문에 기고〉

우리 쌀 어떻게 지킬 것인가?

"쌀은 우리 민족의 뿌리요 국민의 생명산업
21세기는 쌀을 먹는 민족이 세계를 지배한다."

쌀은 4천 년 동안 우리의 건강과 재산을 지켜 온 민족의 뿌리요 국민의 주식(主食)으로 생명창고의 역할을 다해 왔으며 영양면으로나 소화 흡수면으로나 다른 곡물에 비하여 하늘이 내려 주신 천부의 곡식이다.

그래서 우리 조상들은 슬기롭게도 자자손손 대를 이을 삶의 보금자리를 찾아 물이 풍부하고 땅이 기름진 양지바른 평야지에 터를 잡고 상부상조하는 품앗이 정신으로 오순도순 농경생활을 시작하여 오늘날까지 면면히 쌀농사를 일구워 왔다.

지금 우리 농업의 현실은 어렵고 또 어렵지만 쌀농사는 절대 포기할 수 없으며 포기해서도 안된다. 식량이 남아 돌아 천덕꾸러기인 양 야단법석들이지만 이 시각 지구상 도처에서는 기아와 굶주림으로 하루에도 수십만 명이 죽어 가고 있으며 가까운 이웃 북한동포들을 생각해 보면 가슴 아픈 현실이다.

옛날이나 지금이나 앞으로나 "식량무기화"란 불변의 법칩이다. 식량이 풍부해야 살아 남는다. 옛말 성어에 이민위천 이식위천(以民爲天 以食爲天)이라는 말과 같이 식량은 하늘과 땅이 만들어 주지 아무리 과학이 발달해도 식량은 공산품화 할 수 없는 노릇이다.

옛날 배고프고 가난했던 시절을 생각해 보라. 부족해야 걱정이지 풍족한데 무슨 걱정이겠는가? 크게 긍정적으로 생각하자. 어떻게 보면 지금 우리는 행복한 고민에 빠져 있는지 모른다. 수천 년 전 옛날 공자께서 말하기를 좋은 정부란 충분한 식량과 무기를 갖추고 백성들로부터 신뢰를 받는 것이라고 했다. 공자다운 성현의 지혜가 엿보인 대목이다.

그리고 무어라 해도 쌀의 비중은 우리나라 전체 농업소득(약 25조)의 50%(약 13조 원)를, 음식물 칼로리 섭취량의 30%를 차지하는 우리 인간의 생존 필수품목이다. 언제 기상재해(대재앙)가 닥쳐올지 아무도 예측 못한다. 아니 그런 현상이 지구상 도처에서 현실로 나타나고 있다. 북극의 만년빙하와 에베레스트의 만년설은 계속 녹아내리고 미국의 토네이도, 인도네시아 · 일본의 쓰나미, 중국 · 호주 · 태국의 대홍수, 아프리카 대륙의 대가뭄 등 인류문명의 반대급부인 우리 인간이 저지른 자업자득이라고 해야 할 것이다.

세계 곡물시장의 곡물값은 천정부지로 44.6%나 급등하고 있으며 일본을 비롯한 OECD 국가 중 비교적 경제규모가 큰 서방국가에서는 곡물구매를 서두르고 있으며 우리나라도 2011년 처음으로 선물구매를 시도하여 밀, 옥수수, 콩 등 522천 톤을 구매 비축하였다.

일본의 경우 자국농토의 3배 면적인 1,200만 정보의 해외농지를 이미 확보하고 있는 실정이며 우리나라도 아쉽지만 30만 정보의 해외농지를 미국과 중국 등지에 확보하였다.

농심(農心)은 → 토심(土心)은 → 천심(天心)이다.

다시 강조하지만 쌀농사는 절대 소홀해서는 안되는 우리 민족의 근간이요 국민의 생명산업이기 때문이다.

■ 참고로 우리나라의 곡물자급율(사료용 포함)은 25% 수준이다.

- 쌀을 제외하면 4.5%
- 쌀은 100% 자급달성
- 쌀을 제외한 타곡물은 95% 이상을 수입에 의존
- 매년 1,400만 톤의 곡물수입(세계 5위 곡물수입국)
- 석유는 세계 4위 원유수입국(150조 원 규모)

■ 우리나라 쌀 생산 현황

• 논면적: 120만 정보 내외
  (그중 경작면적은 95만 ha 정도)
• 밭면적: 75만 정보
• 쌀 생산량: 연간 3,500만 석(약 530만 톤 수준)
• 금액으로는 약 13조 원
• 전체 농업소득(약 25조 원)의 50%에 해당
• 국민영양 칼로리 섭취량의 30% 차지
• 단보당 쌀 생산량 : 약 500kg 내외(세계적 수준)
• 한 끼 식량(1인당) : 80~100g 정도(200원꼴)
• 연간 쌀 소비량(1인당) : 65kg 수준으로 급락
• 쌀 생산액은 국민 총생산액(GDP)의 4.9%에 불과 (영세성을 면치 못함)
• 농업인구는 400만에서 312만으로 줄어 78%

– 〈2009. 5. 25 강진고을신문에 기고〉

운조루(雲鳥樓)

전남 구례군 토지면 오미리에 위치한 국가지정 문화재로 민속 제8호이다.

99칸의 고택으로 집주인은 유희주(1776~1841). 이곳에 가면 주변경관과 정원이 아름다우며 타인능해(他人能解)라고 쓰여 있는 쌀뒤주(3叺들이)가 유명하다.

집주인 유희주는 구례땅에서 제일가는 대지주의 갑부로 옛날 그 어려운 시절 끼니를 굶는 어려운 이웃들을 위해 쌀뒤주에 쌀을 가득 채워 놓고 가져 가는 사람의 체면을 생각해 지키는 이 없이 필요한 양 만큼 뒤주마개를 열고 가져갈 수 있도록 배려하였다는 미담이 전해 오고 있으며 그 뒤주가 지금까지 보존 전시되어 있다.

삼성(三星)과 솥바위[鼎岩]

경남 의령과 함안 경계에 남강(南江)이 흐르고 있다. 강의 중간에 솥단지 모양의 큰 바위가 있으며 그 바위 밑에 3개의 다리[脚]가 붙어 있다.

조선후기 때 한 도사가 남강을 건너다가 이 바위를 보고 하는 말이 앞으로 머지않은 장래에 이 근방에서 국부(國富) 세 사람이 탄생할 것이라고 예언을 했다고 한다.

그후 세월이 지난 후 우연의 일치로 이 솥바위로부터 30리 이내에서 삼성, 금성, 효성의 우리나라 3대 국부가 탄생한 것이다.

승덕조(僧德鳥)

불가(佛家)에서는 산비둘기를 일명 승덕조라 부르고 있다. 그 유래를 살펴보면, 옛날 한 노승(老僧)이 부처님께 시주할 곡물을 동량(洞糧)하러 어느 한 동네 어귀를 들어설 무렵 그날따라 바람이 몹시 세차게 불고 있었다. 마을 앞 정자나무 밑에서 잠깐 쉬어 나무 위를 쳐다보니 산비둘기가 둥지에 알을 품고 있었다.

그런데 비둘기 둥지가 너무나 허술하고 엉성하여 알이 훤히 보일뿐 아니라 바람결에 금방이라도 알이 땅바닥으로 떨어질 것 같은 예감에 노승께서 신고 있던 짚신을 벗어들고 나무 위로 올라가 둥지바닥에 짚신을 깔고 알을 놓아 주어 아무 탈없이 무사하게 비둘기알이 부화하여 종족을 번식하게 되었다는 일화이다.

그에 대한 보은(報恩)으로 비둘기가 봄철 번식기에 접어들면 나뭇가지 위에서 처량하게 우짖는 소리가 틀림없이 "중중덕덕 중중덕덕"하고 우는 것과 흡사하다.

(옛날 어린 시절 할머니께서 들려주신 이야기)

방랑시인 김삿갓 일화

1. 래불왕래불왕(來不往來不往)

한 시골에 밥술이나 먹고 사는 어느 촌로(村老)가 생일을 맞아 그 지역 유명인사 몇 사람을 초대할 요량으로 자기집 머슴을 시켜 사또께 초청의사를 전갈하였더니 사또가 머슴편에 적어 보낸 회신 내용이

래불왕래불왕(來不往來不往)

쪽지를 받아본 촌로는 어리둥절하여 고개를 갸웃거리며 래불왕래불왕 무슨 뜻인가 고민하고 있는 터에 김삿갓이 이 마을 어귀를 지나다가 어디선가 구수한 음식냄새가 진동하여 그집 문전에서 그 광경을 목격하고 "여보시오 노인장 무슨 연유이길래 그렇게 고민에 빠져 있소?" 촌로는 자초지종 설명하고 김삿갓에게 쪽지를 보여 준다. 뭔 이런 것 가지고 그렇게 고민을 합니까?

래불왕래불왕(來不往來不往) : 오지 말라고 해도 갈 참인데 오라고까지 했는데 왜 안갈 것인가.

촌로는 깜짝 놀라 감탄하고 김삿갓에게 거뜬하게 주안상을 대접했다는 일화이다.

2. 구상유취(口尙乳臭)와 구상유취(狗喪儒聚)

하루는 방랑시인 김삿갓이 경상도 지방의 풍광이 좋은 어느 강변을 지나고 있는데 뱃속이 출출하여 시장끼가 발동하는 터에 어디서 고기 굽는 냄새가 솔솔 풍겨와 주변을 살펴보니 강변에서 10대 후반의 애띈 유생들이 모여 개[狗]를 잡아 복달임을 하고 있었다.

시장터에 웬 떡이냐 싶어 다가가니 보는 척 마는 척 대꾸도 하지 않아 오기가 발동하여 "구상유취(口尙乳臭, 狗喪儒聚)로구먼" 하였더니 유생들이 벌컥 화를 내는 것이었다.

김삿갓이 정색을 하고 "왜들 그러십니까?"

다름 아니오라 "구상유취(狗喪儒聚) 즉 개 초상에 선비님들께서 다들 모였소이다."라고 하였더니 유생들이 깜짝 놀라 벌떡 일어서며 사죄하고 "선생님을 몰라봐서 죄송합니다."라고 후한 대접을 하였다는 일화이다.

케네디 꼴까닥의 일화

"국내관광이건 해외여행이건 집밖을 나설 때는 다음 목적지를 꼭 기억해 둬야"

요즘 우리의 생활이 윤택해지고 삶에 여유가 생기면서 국내관광은 물론 해외여행 인구가 해마다 늘어나고 있다. 참 좋은 현상이다.

누군가 말하기를 여행은 "지나간 역사와 새로운 미래의 견문을 넓히는 활동사진"이라고 하였다. 그리고 여행이나 관광을 할 때는 눈으로만 보는 것으로 만족하지 말고 반드시 간단간단한 메모나 기록으로 남겨야 한다. 이순신 장군은 생사를 다투는 전장터에서도 하루도 빼지 않고 "난중일기"를 썼으며 동원참치 김재철 회장도 원양어업 선장 시절 10년 동안을 하루도 거스르지 않고 "선상일기"를 써왔다고 한다. 쉬운 일은 아니지만 마음먹기 달려 있다.

어느 따스한 봄철 한 고을의 촌로(村老) 30여 명이 단체 해외관광길에 올랐다. 미국의 중서부와 캐나다쪽 관광이었다.

하루는 워싱톤의 백악관과 링컨기념관을 구경하고

그 다음 자연사박물관을 관람하고 출발하기 전 가이드(여행인솔자)가 세 번이나 인원점검을 하고 옆사람간 서로 확인을 마친 후 버스가 다음 목적지(웰링턴국립묘지)로 출발을 하고 난 후 한 70대 중반의 할머니가 화장실에 갔다 늦게 나와 보니 이게 웬 날벼락입니까?

한국땅도 아닌 이역만리 미국땅에서 이 할머니는 땅바닥에 뒹굴면서 "나는나는 어쩌랑가 나좀 살려주소, 나좀 데려다 주소." 하며 겁에 질린 표정으로 대성통곡하고 있는 판에 미국경찰관 두 사람이 나타나 손짓발짓 실랑이 끝에 할머니의 순발적인 육감과 재치가 떠올라 조금전 버스 안에서 가이드(인솔자)가 하는 말이 이번에 자연사박물관을 구경한 후 다음은 케네디 대통령이 묻혀 있는 국립묘지를 간다는 기억이 뇌리를 스쳤다.

할머니는 지체없이 "케네디 꼴까닥"하고 목청 높여 울부짖으니 경찰관 지체없이 할머니를 백차에 태우고 웰링턴국립묘지에 도착했다. 저승에 갔다 온 기분으로 일행을 얼싸안고 한바탕 울음바다가 되었다.

우스개이야기가 아니라 여행길에는 반드시 다음 목적지를 머리 속에 꼭 입력해둬야 만사불여 튼튼이다.

할머니의 재치 있는 순발력 "케네디 꼴까닥"이 대박, "꼴까닥"은 미국 경찰관도 알아먹는 만국공통어이다.

(2014년 미국 · 캐나다 여행길에서 들은 이야기)

뇌물과 와이로(蛙利鷺)의 유래

다음 이야기는 오늘날 우리나라 법조계의 비리 현실에 대해 열심히 살아가는 국민 특히 서민층에게 큰 절망감을 안겨 주고 있다. 그 이유는 가진 자와 없는 자의 빈부격차가 갈수록 심해져 빈익빈 부익부(貧益貧 富益富)의 세상이 되고 유전무죄 무전유죄(有錢無罪 無錢有罪)라는 용어가 유행어가 되어 버린 판국이다. 불현듯 250여 년 전 다산 정약용 선생의 "목민심서(牧民心書)" 글귀를 떠올리게 한다. 천하부기구부란(天下腐己久腐爛 : 세상이 썩은 지 이미 오래다. 썩다 못해 썩어 문들어졌다.)

언제나 약자의 편에 서서 칼날같이 정의로워야 할 법조인들의 부정한 비리 사실들이 온 세상을 경악게 하고 있어 기가 막힐 지경이다. 한마디로 점입가경(漸入佳境)이다.

과거(1950년대) 이승만 정권시 유행했던 줄서기 "와이로" 즉, 빽이 있어야 출세한다는 뜻, 그리고 불교계의 용어인 "사바사바"란 소원을 빌면 성취된다는 뜻이며 일본에서는 "와이로"란 뇌물청탁의 용어로 사용되고 있다. 그러나 와이로란 원래 일본말이 아니고 그 유래를 살펴보면 다음과 같다.

무신정변의 주역인 고려 18대(1803~1809) 의종임금이 하루는 단독으로 암행을 나갔다가 깊은 산중에서 날이 저물었다. 요행히 민가 하나를 발견하고 묵어갈 것을 청했지만 집주인(이규보 선생)이 조금 더 내려가면 주막집이 있다는 말에 할 수 없이 발길을 돌려야 했다. 그런데 그집(이규보) 대문에 붙여 있는 글귀가 임금의 눈을 어리둥절케 하였다.

유아무와 인생지한(唯我無蛙 人生之恨 : 나는 오직 개구리가 없는 게 내 인생의 한이다.)

도대체 개구리가 없는 게 무슨 한이란 말이가? 한 나라의 임금으로서 어느 정도 식견을 갖춘 터인데 무슨 뜻인지 아무리 생각해도 감이 잡히지 않았다.

주막집에 들러 국밥 한 그릇을 시켜 먹으면서 그 사실을 자초지종 물어보았다. 주모가 하는 말이 그는 과거시험에 몇 번을 낙방하고 두문불출 마을에도 나오지 않고 집안에 박혀 책만 읽으면서 살아간다는 내용이었다. 궁금증이 발동한 임금은 다시 그 집에 찾아가 사정사정한 끝에 하룻밤을 묵어갈 수가 있었다.

잠자리에 누웠지만 집주인의 글읽는 소리에 잠이 오지 않아 면담을 신청했다. 그리고 그렇게도 궁금했던 유아무와 인생지한(唯我無蛙 人生之恨)이란 글귀를 다음과 같이 전해 주었다.

옛날에 노래를 아주 잘하는 꾀꼬리와 소리마저 듣기 거북한 까마귀가 살고 있었는데 하루는 까마귀가 꾀꼬리에게 청하기를 노래시합을 하자는 청이었다. 이 제안에 한마디로 꾀꼬리는 어이가 없었다. 그러나 까마귀의 간청에 하는 수 없이 노래시합에 응해 주었다. 그리고 3일 동안 목소리를 아름답게 가꾸고자 노력했다.

그러나 까마귀는 노래연습은커녕 자루 하나를 챙겨 들고 논두렁으로 개구리를 잡으러 돌아다녔다. 그렇게 잡은 개구리를 노래시합 심판을 맡은 백로(白鷺)에게 뇌물로 가져다 주고 뒤를 부탁한 것이었다. 꾀꼬리는 자신이 생각해도 너무 고운 목소리로 노래를 불렀기에 당연히 승리를 장담했지만, 결국 심판관인 백로는 까마귀의 손을 들어주었다. 그 사실을 뒤늦게 알게 된 꾀꼬리는 크게 낙담을 하고 실의에 빠지게 되었다. 그리고 "나는 오직 개구리가 없는 게 내 인생의 한이다."라는 글귀를 대문 앞에 붙여 놓았다고 한다.

이 글은 이규보 선생이 임금한테 불의와 불법으로 뇌물을 바친 자에게만 과거급제의 특례를 주어 부정부패로 얼룩진 나라꼴을 비유해서 한 말이다. 이때부터 와이로(蛙利鷺)란 말이 생겼다고 한다.

개구리 와(蛙) 이로울 이(利) 백로 로(鷺)

이규보 선생 자신이 생각해도 그의 식견은 어디에 내놔도 뒤지지 않은 실력인데 과거를 보면 꼭 낙방을 한다는 것이었다. 자신을 노래를 잘하는 꾀꼬리와 같은 입장이지만 까마귀가 백로한테 개구리를 상납한 것처럼 뒷거래를 하지 못하여 낙방하여 초야에 묻혀 살고 있다는 하소연이었다.

그 말을 다 듣고난 임금은 이규보 선생의 품격이나 지식이 뛰어남을 깨닫고 넌지시 나도 과거에 수차례 낙방을 하고 전국을 떠도는 떠돌이 신세가 되어 팔도를 배회 중인데 며칠 후에 임시 과거시험이 있다는 소문에 지금 개성으로 올라가는 중이라고 거짓말을 하였다.

그리고 임금은 즉시 궁궐로 돌아와 과거를 열 것을 명(命)하였다. 과거를 보는 날 이규보 선생도 다른 사람들과 마찬가지로 과장(科場)에 앉아 마음의 준비를 하고 있을 때 시험관이 내걸은 시제(試題)가 바로 "유아무와 인생지한(唯我無蛙 人生之恨)"이란 여덟 글자였다고 한다.

다른 사람들은 그 내용을 골똘히 숙고하고 있는 터에 이규보 선생은 임금이 계신 어전을 향해 큰절을 세 번 올리고 답을 적어냄으로 장원급제(壯元及第)하여 차후 유명한 대학자가 되었다고 한다. 이때부터 와이로(蛙利鷺)란 말이 생가난 계기가 되었다는 이야기가 전래되고 있다.

—고전에서

역사의 애환이 깃든 수동(水洞)마을의 여택정과 강회정

전남 강진군 대구면 수동리에 위치한 여택정(麗澤亭)과 강회정(講會亭)이 향토문화유산 유형문화재 도지정 제269호로 지정되어 전라남도로부터 3억여 원의 복원 사업비를 지원받아 2011년 말 복원 완료되었다.

이 정자의 역사는 1550년대로 거슬러 올라간다. 지금으로부터 450여 년 전 이 마을에 터를 잡은 해남 윤씨의 윤시성(尹時聖)이 이곳에 초당을 세운 것이 강회정의 모체이다. 그후 이곳은 유향소(留鄕所)로써 지방의 행정 · 사법기관으로 활용되어 오다가 1600년대에는 대동계원(大同契員)의 자녀와 대구면 인근지역의 인재들을 불러모아 교육을 담당했던 강학소(講學所)로 적극 활용되고 있었다.

이와 같이 강회정이 교육기관으로서의 역할을 활발하게 할 수 있었던 것은 행당(杏堂) 선조님의 셋째 아드님이신 단중(端中)께서 수동출신 윤시성(尹時聖)과 학문적 교류를 가지면서 수차례 수동마을을 방문하여 후학들에게 집강까지 하였다는 기록을 보면 행당 윤복 선생의 학문적 깊이를 감히 짐작할 수 있게 한다.

그리고 동학농민운동 때는 동학군의 집강소(集講所)로 일제치하에서는 야학운동의 거점지로 활용되는 등 언제나 역사의 한복판에서 민족의식 고취의 산실로 자리해 왔다. 또 강회정이 있는 수동마을은 150여 세대의 해남 윤씨 거대 집성촌(集姓村)으로 400여 년의 세월을 보듬어 온 역사만큼이나 크고 작은 애환이 깃들어 있다.

특히 1670년부터 강회정에서는 해남 윤씨 수곡공(壽谷公)의 후손들이 13대째 이어 온 문중규약과 명안계전(名案癸田), 대동내계안(大同內契案) 등 계와 향약 관련의 수많은 고문서들이 현존하고 있다. 그리고 강회정과 관련된 인물 중에는 단연 해남 윤씨 일가가 많으며 그 가운데 동학농민운동 당시 강진접장을 지낸 절암(節庵) 윤세현 선생의 활동이 눈에 띈다. 이곳 수동에서 태어난 절암은 육도(六道)라는 별칭이 있는데 이는 6개도를 다니면서 천도교 홍보활동을 했다 하여 붙여진 별호이다.

그리고 절암은 포덕(布德) 33년 임진년 천도교에 입도하여 이듬해 2월 충청도 보은으로 건너가 해월신사(海月神師)를 만나 동학사상에 심취하게 되었다. 그후 절암은 갑오년(1894) 4월 수백 명의 동학군을 모아 고

부에서 참전하였으며 그해 7월 고향으로 내려와 다시 동학군 수천 명을 규합해 11월 장흥의 이인환과 합세 보성, 장흥, 강진을 함락하는 전과를 세웠다.

그리고 3.1운동 당시 절암 선생은 민족대표 33인에 참여할 뜻을 확고히 표명했으나 천도교 지도부는 교세를 지키기 위해 절암은 남아야 한다고 만류 끝에 끝내 민족대표 대열에 참여하지 못하고 나라 잃은 울분을 삭혀야 했다.

이와 함께 강회정을 중심으로 벌어진 사건에 연루된 인물로는 광주학생사건을 주도한 윤가현을 비롯한 1934년 전남농민회 사건의 윤소현, 윤이현, 윤경득, 윤재웅 등이 일제치하에서 항일공산주의 누명을 쓰고 1년 이상 옥고를 치렀다

이와 관련 대한민국 독립유공자 인명부에는 등재되어 있으나 6.25동란의 처참한 상흔의 베일 속에 가려 아직까지 복권과 명예회복을 되찾지 못한 안타가운 처지에 있으며 1950년 보도연맹 사건에 연루되어 수많은 젊은이들이 목숨을 잃었으며 6.25때는 마을 전체가 폐허가 될 정도로 피해가 막심했던 한많은 사연을 안고 있어 그 후손들의 마음은 지금도 무겁기만 하다.

공재 윤두서(尹斗緖)와 동국여지도(東國輿地圖)

–김정호의 대동여지도보다 151년 앞선 우리나라 최초의 지도

공재(恭齋) 윤두서(尹斗緖)는 고산 윤선도의 증손이며 윤이후의 넷째 아들로 현종 9년(1668년) 해남에서 태어나 25세 때 진사시에 급제하였으나 당쟁으로 벼슬에 나가지 않고 이곳 향리(鄕里) 해남의 연동과 백포에서 은거하면서 서예, 회화, 인각, 천문지리학, 금석학(金石學), 병가서(兵家書) 등 다방면에 식견을 넓혔다.

조선중기 우리나라의 화단을 빛낸 유명한 화가로 일컫는 삼재(三齋 : 공재 윤두서, 겸재 정선, 현재 심사성)의 한 분으로 동양인의 자화상으로 가장 호평을 받고 있는 자화상과 '동국여지도', 백마도, 선차도(旋車圖), 채애도(採艾圖), 해남윤씨자손지보 등 70여 점의 빛나는 작품을 후대에 남기고 숙종 41년(1715년) 이곳 향리에서 48세로 짧은 생을 마감하였으며 사후 1774년(영조 50년) 가선대부(嘉善大夫) 호조참판에 추증되었다.

그리고 정교하고 섬세한 필법의 '동국여지도'는 공재 윤두서가 전국 8도를 회배하며 각고의 노력 끝에 10여 년에 걸쳐 완성한 조선후기(1710년)의 우리나라 최

초의 지도로서 훗날 김정호에 의해 제작된 대동여지도보다 151년이나 앞선 지도이지만 후손들이 잦은 국난으로부터 지도를 안전하게 보존하기 위해 항아리에 넣어 땅속에 보관해 두었다가 뒤늦게 세상에 알려지게 되었다고 한다. (역사 바로세우기란 이렇게 어렵고 안타까운 일인가 보다.)

※ 공재 윤두서의 자화상은 국보 제240호, 동국여지도는 보물 제481호로 각각 지정되어 현재 해남의 녹우당 고산유물전시관에 소장되어 있다.

* 선차도(旋車圖) : 수레바퀴(물레)를 돌려 목기를 깎는 모습의 그림
* 채애도(採艾圖) : 나물(쑥) 캐는 아낙네의 모습을 그린 그림

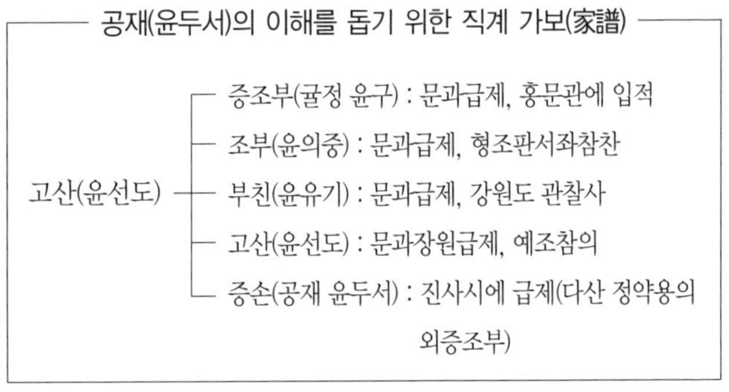

〈자료정리 : 윤형순〉

명훈(名訓)

○ 만약, 언론이 없는 정부와 정부가 없는 언론이 있다면 나는 후자를 택할 것이다.〈토머스 제퍼슨〉
(이와 같이 언론은 민중의 지팡이이자 어두운 사회의 등불 역할을 하기 때문이다.)

○ 정치란? 가난한 사람들의 눈에서 눈물을 닦아주는 것이다.〈네루〉

○ 인류가 전쟁에 종지부를 찍지 않으면 전쟁이 인류의 종지부를 찍을 것이다.〈존에프 케네디〉

○ 우리가 바다에 관심이 많은 것은 단순한 호기심 때문이 아니고 거기에 우리의 미래가 달려 있기 때문이다.〈존에프 케네디: 바다의 날 해상선언문에서〉

○ 좋은 정부란? 충분한 식량과 무기를 갖추고 백성들로부터 신뢰를 받는 정부이다.〈공자〉

○ 하늘에는 별이 있고 들판에는 꽃이 있으니 그래도 살 만한 세상 아닌가?〈칠팔십년대 암울했던 군사독재시절: 김수환 추기경〉

○ 나도 한때는, 어느 한적한 시골길을 버스를 타고 지나노라면 건너편 산비탈 오두막 초가지붕 사이로 뽀

하얀 실연기가 피어오르면 저렇게 평화로운 집에서 가장이 되어 자식 낳고 오순도순 살아봤으면 하는 생각도 해 본 적이 있다.〈김수환 추기경의 세상 사는 이야기 중에서〉

○ 봄이 늦어 6월 중순에야 철쭉꽃을 피어내는 지리산은 가을은 유난히 빨라 10월이면 온 산에 단풍 들지 않은 나무가 없다.〈조정래의 태백산맥 중에서〉

○ 친구에게 속임을 당하는 것보다 친구를 믿지 못한 것이 더 부끄러운 일이다.

○ 빼앗긴 것은 되찾을 수가 있지만 내어준 것은 되돌릴 수가 없다.〈연속극 미스터썬샤인 대사 중에서〉

○ 독서는 가장 고상한 애국심이다.

- 책을 가장 많이 읽는 민족이 세계를 지배한다.
- 책을 읽지 않은 민족은 언제나 외세의 지배를 받아왔다.
- 국가의 척도(尺度)는 그 나라 국민의 독서수준에 달려 있다.

○ 김재철의 문사철(文史哲) 600이란?
사람은 일생 동안 문학책 300권, 역사책 200권, 철학책 100권 정도는 읽어야 한다는 뜻.

○ 인생의 짐은 무거울수록 좋고 술과 벗은 오래 될수록 좋다.

○ 자본주의 사회의 가장 큰 무기는 신용이다.

○ 김재철이 말하는 성공한 사람이란?
머리와 몸과 마음(뇌, 신, 심)이 하나되어 행동하는 사람

○ 김재철은 평생을 공부하고 연구하는 정도(正道)의 기업가. 언제나 그의 손에는 책이 떨어져 본 적이 없다.

○ 김재철의 바다는 언제나 내 마음의 고향, 그리고 내 마음속의 바다는 언제나 남태평양 위의 사모아섬으로부터 출발한다.

○ 눈에 보이는 돈보다 안보이는 돈(신용)이 더 중요하다.

○ 본업을 버린 자는 망하고, 본업만 하는 자도 망한다.(시대변화의 다양성에 대처)

○ 명리학(命理學)에서는 육친(肉親)의 관계 즉, 형제간의 관계를 비견(比肩)과 겁재(劫財)라고 하였다.
• 비견(比肩) : 어깨를 나란히 하는 동업자의 관계
• 겁재(劫財) : 재물로 서로 다투는 사이

○ 진실한 우정(友情)은 지성(知性)이 뒤따라야 하고, 진정한 인간관계는 사우(師友) 관계여야 하며, 지혜(知慧)의 결핍은 병(病)을 부른다.

○ 기억은 머리로, 추억은 마음으로, 사랑은 가슴으로.

메밀[橋麥), 五方之草]

냉면이 대세!

문득 이효석의 시 "메밀꽃 필 무렵"이 머리에 떠오른다. 늦여름과 초가을 사이 봉평마을 어귀에 접어들면 온 들판이 소금을 뿌려 놓은 듯 새하얀 메밀꽃이 장관을 이룬다.

메밀은 한문으로 교맥(橋麥)이며 다리 밑 척박한 모래땅에서도 잘자란다 하여 붙여진 이름 또는 오방지초(五方之草)이다. 뿌리는 황색, 줄기는 적색, 잎은 초록, 꽃은 백색, 열매는 갈색으로 다섯 가지 색깔을 띤다 하여 붙여진 이름이다.

가뭄에는 한 해 극복 대체 작물로 흉년에는 기아구황작물(飢餓救荒作物)로, 요즘에는 건강장수 기호식품으로, 최근에는(2018. 4. 27) 남북정상회담으로 대박이란다. 세상만사 돌고 돌아 예측불허 언젠가는 한반도 이 땅에도 따스한 통일의 봄이 찾아오겠지.

21세기를 살아가는 우리들의 마음가짐
–사랑과 존중, 양보와 배려

지금 우리 사회는 포만공허증(飽滿空虛症)에 걸려 있다. 배는 부르지만 마음과 정신은 허전하고 텅 비어 있다.

즉, 물질문명은 극도의 포화상태지만 정신적 도덕적 윤리문명은 극도의 빈곤상태이다. 이런 현상을 기형적 낭패현상(畸形的 狼狽現象)이라고 한다.

• 기형적 낭패현상(畸形的 狼狽現象)이란?

늑대의 앞뒷다리 하나씩이 짧아 절뚝거리는 비정상적인 현상이다.

부모와 학부모의 다른 점

부모는 멀리 보라 하고
　　　학부모는 앞만 보라 한다.

부모는 함께 가라 하고
　　　학부모는 앞서가라 한다.

부모는 꿈을 꾸라 하고
　　　학부모는 꿈꿀 시간을 주지 않는다.

"당신은 부모인가, 학부모인가?
부모의 모습으로 돌아가는 길, 이것이 참교육의 시작입니다."

■ 발문

그리움을 갈무리한 향수 속에 드러난 진주

-윤형순 시집 ≪향수(鄕愁)≫

양 치 중

〈시인. 前 한국문협 강진지부장, 전남시협 부회장. 現 한국문협 협력위원〉

최근 어느 날 갑자기 거대하고 우람한 태산으로 내 앞에 시인이 되어 나타난 윤형순 시인은 유년기에 같은 마을 친구이자 초등학교 동창인데, 나에게는 가당치도 않게 상상을 초월한 부탁을 받고 황당하였다.

숨 가쁘게 달려온 여정의 순간마다 뼛속의 진액을 짜서 모은 시 70여 편을 인생77 희수를 거치는 황혼기의 언저리에서 책으로 엮어 남기고자 한다며 "발문 몇 자 써 주라"는 영광스럽고 과분한 부탁을 받고 외면할 수 없어 흔쾌히 승낙했다.

윤형순 시인은 고향을 떠나 외지생활을 하는 동안 사회적으로 출세하고, 인간적으로 성공한 우리 세대의 모델model로, 그의 경지가 너무 멀고 높아서 근접할 수 없는 처지이며 학처럼 고아하고, 내면에 잠재된 유토피아 utopia를 외면하지 않는 인격의 소유자이다.

윤 시인, 그의 배경은 우생학적 혈통의 가풍을 이은 먼 선대로 거슬러 어초은 윤효정과 안동부사를 지낸 행당 윤복에 이어 '어부사시사' '오우가' 등 많은 걸작의 시가를 남긴 국문학계의 거목 고산 윤선도의 해남윤씨 혈통을 이어받은 후예가 분명함을 인지할 수 있다.

사람은 누구를 막론하고 외적인 면과 내적인 면을 올바로 갖추고 양면성의 품격을 최고 수준의 경지로 끌어 올리려는 예술적 본능과 정서적 본능을 가지고 있다.

외적인 면을 화려하게 꾸미는 것을 예술적 본능이라 한다면, 내적인 면은 무한한 상상력을 동원하여 감정을 순화시키는 정서적 본능이라고 할 수 있겠다.

윤 시인은 유년 시절 고향에서 푸른 하늘, 푸른 산, 푸른 바다, 푸른 들녘을 몸과 마음으로 누비며 미래를 향한 푸른 이상을 가슴 깊이 주워 담아 여과시키고 숙성 발효된 인생 황혼기에서 고향 떠난 먼 여정의 귀착지는, 낙엽의 귀근으로 마무리하는 시심으로 털어놓고 있다.

남쪽 하늘 바다 멀리 물새가 나는
내 고향 천 리 길 남도 답사 일번지
남도의 끝자락 한국의 나폴리 마량의 미항

은빛 물결 바다 위에 두둥실 반겨 미소 짓는

검푸른 태고의 아열대 원시림
성난 파도와 매서운 해풍에도 표표히 떠 있는
그 이름 까막섬 후박나무 군림

아침 햇살 저녁노을 눈부시게 반짝이면
검푸른 후박잎새 석양빛에 흑진주 되어
갈매기 노래하고

두 얼굴의 겉모양은
허기진 날엔 한솥 가득한 가마솥처럼
비 오는 측은한 날엔 검정 우산처럼

인간의 양면을 애써 달래 주는
마음의 고향처럼 어머님 젖가슴처럼
포근한 섬 까막섬.

―〈까막섬〉 전문

까막섬은 첫 연에서 '남쪽 하늘 바다 멀리, 내 고향 천리 길, 한국의 나폴리naples 마량의 미항' 앞바다 두 개 섬이 구강포의 출입구 한반도 정문에 수문장으로, 둘째 연은 '은빛 물결 바다 위에 두둥실 반겨 미소 짓는' 다고 하였고, 셋째 연에서는 '아침 햇살 저녁노을 눈부시게 반짝이면, 검푸른 후박잎새 석양빛에 흑진주 되어' 라 했다.

여기서 사철 검푸른 상록수림 후박나무 잎새가 석양빛에 거대한 흑진주로 이미지emerge화한 상상력을 동원해 표현하였다. 훌륭한 발상이다.

마지막 연이 '인간의 양면을 애써 달래 주는, 마음의 고향처럼 어머님 젖가슴처럼, 포근한 섬 까막섬.' 으로 떠올리고 있다. 탐진강이 흐른 구강포 하구 태평양 입구에 영원불변 버티고 있는 두 개의 까막섬을 철학이 내포된 은유적으로 표현한 묘미를 맛볼 수 있다.

마지막 연을 철학적이라고 한 것은 인간 내면의 세계 즉 서정성을 '마음의 고향' 이라고, 인간에 있어서 외적인 현상 '어머님 젖가슴' 은 내면의 세계와 외적인 현상으로 마음과 어머님, 고향과 젖가슴은 포근함에 있어서나 그리움에서도 동일한 고향에 대한 향수나 어머님에 대한 그리움이 애처롭고 강한 느낌으로 다가온다.

태곳적 시원의 과거에서 영원한 미래로 이어지는 원초적인 자연현상의 한 부분을 이렇게 아름답고 리얼real하게 표현한다고 하는 것은 평소 사물에 대한 달관이라 할 수 있겠다.

고뇌와 번민 속에 잉태한 님의 분신
영겁의 세월 속에 천년숨결 혼불 되어
창공의 뭉게구름 천년비색 학(鶴)을 품고

여계산(女鷄山) 품에 안겨 불태우고 재가 되어
고고한 님의 형상 코발트빛 원색으로
속세에 태어나서 삼라만상 굽어보네

선인들의 심오한 뜻
계승하지 못한 것은 만시지탄이었지만
이제라도 깨우쳐서 청자혼을 재현하니
만세에 길이길이 한류문화 융성하리.

—〈고려청자〉 전문

우리 민족의 유구한 역사 속에서 피와 땀과 눈물로 빚어 1,300도 고열로 번조한 옛 도공들의 지혜와 능력이 깃든 전 세계 인류문화와 예술의 최절정, 고려비색 '청자상감운학문매병 국보68호' 를 떠올려 은유 또는 직유적으로 의인화하여 창작된 한 편의 시다.

고려 이후 조선을 거쳐 대한민국의 국격을 높이는 유일한 상징물 고려청자를 윤 시인은 내 고향 강진에서 '고뇌와 번민 속에 잉태한 님의 분신' 이라고 했다.

또, 둘째 연 첫 행에서는 '여계산女鷄山 품에 안겨 불태우고 재가 되어' 라고 한 것을 보면 고려청자에 대한 애착이 얼마나 강한 의지로 다가가 심미안적으로 거기 빠져들고 있는지 짐작이 간다.

비탈진 여계산 자락 고려청자 가마에서 암탉이 알을 품고 부화하듯 '품에 안긴 님의 분신 불태우고 재가 되' 고 나서 탄생되는 '코발트cobalt빛 원색' 은 비색청자를 의인화하여 은유적으로 탄생시키고 있다.

셋째 연은 '선인들의 심오한 뜻, 이제라도 깨우쳐서 청자 혼을 재현하니' 라고 인류 문화 예술의 영원한 불가사의 고려청자가 조선 이래 600년 동안 맥이 끊겼던 것을 재현한 것은 민족의 자부심으로 인류 앞에 과시하며 직유적으로 표현하였다.

윤 시인은 유년기 때 고향을 추억으로 떠올리며 옛 선인들이 이뤄냈던 긍지와 자부심이 응집된 고려청자를 시의 주제로 뽑아 드러냈다.

고려청자의 비색만큼이나 맑고 곱고 은은하면서 영롱한 바탕에 인류 최고의 불가사의한 예술성을 덧대인 고려비색상감청자를 골라 시의 주제로 붙들지 않았다면 이런 작품은 탄생되지 않았을 수도 있었을 것이다.

천년의 신비 고려청자의 땅에서 나고 자란 것은 윤 시인으로서 행운이라 할 수 있겠으나 시인의 혜안이 거기 미치지 못했다면 이렇게 훌륭한 주제를 찾아내지 못했을 것이다. 시인은 온갖 사물 중에 어떤 대상을 주제로 삼느냐에 따라 시의 품격이 달라진다고 볼 수 있다.

영랑 시의 대표작 '모란이 피기까지는'에서 모란을 주제로 선택하지 않았다면 독자들은 영랑의 시에 감동을 받지 않을 수도 있었을 것이다. 영랑은 모란의 생태를 심도 있게 정확히 파악하고 시대적인 배경이나 자신의 아픔과 괴로움까지도 민족의 아픔으로 믹서mix된 영롱한 진주 하나를 탄생시켰다.

여기에, 또 하나의 아름다웠던 어린 날을 추억으로 떠올리게 하는 윤 시인의 시 한 편을 소개한다.

내동 앞들 논배미는 물 좋고 땅이 찰져
논 중에는 상논이고
세저들 밭뙈기는 퇴적토 모래땅에
물 빠짐이 양호하여 채소 재배 으뜸이라
인심 좋고 교통 좋아 살기 좋은 동네라네.

육정지 노두 건너 호안둑에 올라서면
관산보 번덕지가 즐비하게 펼쳐 있고
중천에 노고지리 지지배배 노래하면
구강포 맑은 물은 사시사철 변함없이
유유히 흘러내려 물고기의 낙원일세

처서 백로 절기 지나 추석절이 다가오면
관산보 물안개도 냉기를 머금은 채
모락모락 피어오르고
동녘에 아침 햇살 수면 위에 눈부시면
팔뚝만 한 은어 떼들 앞다투어 하류한다

와~아 은어 떼다 누군가 소리치면
족대, 가래, 조랭이 총동원
한바탕 소동이 벌어진다

아~ 야속토다 구릿빛깔 몸뚱이에
수박향 내음 풍기는 탐스러운 그 은어 떼들
모두 다 어디로 갔을까?

―〈관산보 은어〉 전문

내동마을은 산천이 아름답고 너른 평야가 시야에 전개되는 전형적인 시골 마을로 시의 첫 연의 내용에서 드러낸 것처럼 옛날로 다가가면 거기에 풍요로운 고향을 연상케 한다.

윤 시인은 어린 시절 늘상 왕래했던 내동마을이 외가마을이어서 천진난만하게 외가마을 친구들과 어울리며 보고 듣고 느낀 감정을 사실적으로 드러내고 있다. 오랜 타향살이 동안 고향을 그리워하며 맨 먼저 떠올리는 집이 자신이 나고 자란 생가이고 다음으로는 들뜬 마음 안고 오갔던 외가일 것이다. 이 시는 외가마을과 주변의 풍경을 그린 아름다운 서정시라 할 수 있겠다.

시의 첫 연은 '논배미는 물 좋고 땅이 찰져 상논이고, 밭 뙈기는 퇴적층 모래땅에 채소 재배 으뜸이라' 고 했다.

어린 날 소박한 고향의 서정을 과장하거나 꾸밈없이 우리들의 필수적 생존조건으로 논에서 나는 주식과 밭에서 나는 부식의 터전을 적나라하게 드러내고 있다.

둘째 연에서 '육정지 노두 건너 호안둑에 올라서면,' '관산보 번덕지가 즐비하게 펼쳐,' '중천에 노고지리, 구강포 맑은 물은 사시사철, 흘러내려 물고기의 낙원,' 이라고 하는 토속어들로 정겹게, 윤 시인은 우리들의 메마른 감정을 동심의 세계로 데려다 주고 있다.

셋째 연을 보면 '처서 백로 지나 추석절 다가오면, 관산보 물안개도 냉기를 머금은 채, 동녘의 아침 햇살 수면 위에 눈부시면, 팔뚝만 한 은어 떼들 앞다투어 하류한다.' 라고 했듯이 이 지방만의 특수 상황을 예기하고 있다.

물에 사는 물고기 중에 '은어' 라고 하는 물고기는 1급수 맑은 강물의 하구 바닷물과 합류하는 곳에 서식하는 은빛 물고기로 맛과 영양이 최상이라 특수한 환경이 갖춰진 강진의 탐진강과 구강포 바닷물이 섞이는 물에 사는데 일 년 중에 한번 여름에서 가을로 계절이 바뀌는 처서 백로 지나 추석 무렵에는 성어가 되어 따스한 바다로 스며드는 광경을 직접 보는 듯 독자의 상상력을 자극하고 있는 윤 시인은 고향을 잃은 이 시대의 현대인들을 원초적인 영원한 고향인 유토피아로 이끌고 있다.

마지막 연에서는 '와~ 은어 떼다 누군가 소리치면, 족대, 가래, 조랭이 총동원' 하여 옷 젖고 옷 벗는 어린 날의 추억을 직유로 표현했고, 세월의 더께만큼이나 그리움으로 쌓인 영원한 고향마저 사라져 가고 인간의 참모습마저 지워지는 현실의 안타까움을 윤 시인은 '모두 다 어디로 갔을까?' 로 마무리하며 긴 한숨을 짓고 있다. 외롭고 쓸쓸한 이 황량한 벌판에서~.

휘영청 밝은 달
온 누리에 비춘다
올가을 벼 이삭이 유난히 탐스럽다
수수 모가지 콩깍지 팥 녹두도
알이 잘 여물었다

밤, 대추, 사과, 배도
토실토실 윤기가 난다
송편도 설기떡도 간이 잘 맞다

그러나 추석이면 늘 허전해
저 세상 일찍 가신
아버지 작은아버지 생각에
늘 속상해

할아버지 할머니 어머님께서는
애써 내색은 안하셔도
한숨만은 잦으신다.
–〈한가위 보름달〉 전문

사람들은 도시사람이나 시골사람이나 객지사람이나 고향에 사는 사람이나 일 년 삼백육십오일 동안 경황없이 살다가도 한여름 뜨겁게 내리쬐던 태양열 식히는 서늘한 바람 불어와 들녘에 오곡백과 영글고 풍요로운 한가윗날 밤하늘에 '휘영청 밝은 달'을 바라보고 있노라면 눈물겨운 그리움을 가슴에 가득 안고 잃어버린 어린 날의 낭만을 찾아 헤맨다.

윤 시인은 '그러나 추석이면 늘 허전해, 저 세상에 일찍 가신, 아버지 작은아버지 생각에, 늘 속상해.' 하고 있다.

여기서 윤 시인이 시를 쓰게 된 계기를 나에게 깜짝 들키고 말았다고 해야 할 것이다.

시는 천재들의 전유물이고, 시인은 언어 창조의 마술사라고 하지만 윤 시인의 경우는 알알이 가득 찬 결실의 계절에 기쁨과 즐거움을 가득 담고 환한 얼굴로 웃음 짓는 한가위 보름달을 보고 있어도 마음 한구석 텅 비어 허전함을 감추지 못하는 것은 '일찍 가신 아버지 작은아버지'로 하여금 보고픈 마음 가눌 길 없고 그리움만 가슴 깊이 울렁일 때 시를 쓰지 않고는 견딜 수 없는 특별한 계기가 갈등과 고뇌 외화 내빈의 삶이 아니었을까 한다.

그래서 윤 시인의 시어는 미사여구로 꾸며 대지 않은 순수하고 진솔한 언어로 나타난다. 시는 작가의 인격이다. 억지를 부리며 쓰는 것은 조작일 수밖에 없다. 체험하지 않고 완성되는 것은 가식이다. 시는 품격이 있어야 하고 시에서 향기가 풍겨야 한다. 그 것은 곧 진실이다.

시의 창작은 진실에 바탕을 두어야 한다.

자신이 아파 봐야 남의 아픔을 알 수 있고 자신이 울어야 남을 울릴 수 있으며 자신이 웃어야 남이 웃는다. 자신의 아픔 없이 쓴 시가 어찌 독자의 가슴에 아픔의 감동을 줄 수 있겠는가?

강물이 흐르는 동안
세월도 흐르고
세월이 흐르는 동안

강물도 흘러

창공엔 새하얀 뭉게구름
들판엔 아름다운 꽃과 나무들

날마다 새롭게
피었다 지는 동안
우리네 인생도 피었다 지네

모든 것 다 내어 주고도
마음 한구석
늘 허전해

오~ 그리운 님이시어
부족한 듯 채워지는
우리네 인생살이여.

–〈무상(無常)〉 전문

세상에 변하지 않은 것은 아무것도 없다.

생물도 무생물도 삼라만상 모두가 원상 그대로 영원한 것이 없다. 화무花無는 십일홍十日紅이요 달도 차면 기우는 것이 자연의 섭리다.

윤 시인은 '무상無常' 이라는 시에서 '강물이 흐르는 동안, 세월도 흐르고, 세월이 흐르는 동안, 강물도 흘러,' 라고 세월과 강물을 동일시하여 동류로 포착 직유적으로 시어를 천착하고 적절히 배치하였다. 여기에 직유로 표현하지 않았지만 인생의 무상함도 내포된 것을 느낄 수 있다.

윤 시인은 '창공엔 새하얀 뭉게구름, 들판엔 아름다운 꽃과 나무들'을 무심히 바라보며 인생의 무상함을 '우리네 인생도 피었다 지네'로 웅얼거리며 '마음 한구석 늘 허전해' 한다.

시인은 누구나 함께 있어도 늘 외롭고 허무한 마음이 자신의 내면세계에 가득 차 있어서 늘 괴롭다.

하늘에 구름과 땅에 꽃이 나타났다가 사라지듯이 우리 인생도 태어났기에 사라지지만 구름은 또다시 나타나고 꽃은 다시 피듯이 인생도 그와 같이 왔다가 떠나고 또다시 태어나기를 반복한다.

끝으로, 윤형순 시인은 학력과 능력, 그리고 사회성까지도 출중하여 시인으로서 무한한 가능성과 아름다운 심성을 지녔기에 생을 다하는 날까지 건강을 지켜 가며 인류의 가난한 마음을 채워 주고 괴로움을 달래줄 수 있는 좋은 시를 많이 써 주기 바란다.

윤형순 詩와 散文集

향수 鄕愁

초판 인쇄 2019 년 5 월 15 일
초판 발행 2019 년 5 월 20 일

지은이 | 윤형순
펴낸이 | 김효열
편 집 | 이미정
마케팅 | 김효숙 · 김영미 · 박미옥

펴낸곳 | **을지출판공사**

등록번호 | 1985 년 2 월 14 일 제 2-741 호
주 소 | 서울시 마포구 양화진길41, 603호
우편번호 | 04083
대표전화 | 02) 334-4050
팩시밀리 | 02) 334-4010
전자우편 | ejp4050@hanmail.net

값 15,000원

ISBN 978-89-7566-178-5 03810